Mein farbiges Bataillon

Warner A. Ross

Writat

Diese Ausgabe erschien im Jahr 2024

ISBN: 9789359942889

Herausgegeben von
Writat
E-Mail: info@writat.com

Inhalt

MEIN FARBIGES BATAILLON

Sie haben mir heute Abend diese Ehre erwiesen, weil Sie wissen, dass ich der Kommandeur eines wunderbar kämpfenden Infanteriebataillons war, das (mit Ausnahme von mir) ausschließlich aus farbigen amerikanischen Offizieren und Männern bestand.

Sie wissen auch, dass wir während des Ersten Weltkriegs eine Zeit lang an vorderster Front jener großartigen Welle entschlossener Verbündeter in Frankreich standen, die die teuflischen Mächte der Autokratie und Tyrannei in Schach hielten und schließlich zurückfegten und es freiheitsliebenden Menschen ermöglichten, ihren langsamen, aber stetigen Fortschritt in Richtung wahrer Demokratie fortzusetzen.

Sie würden von seinem weißen Kommandeur viel über dieses Bataillon erfahren, denn Sie wissen, dass es aus tapferen Männern besteht und von tapferen Frauen Ihrer eigenen Hautfarbe unterstützt wird, die ihre Pflicht Ihnen und ihrem Land gegenüber erfüllt haben und dies gut gemacht haben. Ihre Anwesenheit hier und der Ausdruck auf Ihren Gesichtern beweisen, dass Sie zutiefst und hoffentlich an der Integrität und dem Fortschritt Ihrer Rasse interessiert sind.

Sie möchten vermutlich auch etwas über mich als Soldaten erfahren, denn Ihnen wurde gesagt, ich sei der beste Freund der farbigen Soldaten gewesen. Ich fürchte, das Wort „ *bester* "ist zu stark, denn die farbigen Soldaten haben viele weiße Freunde. Trotzdem bin ich froh, dass ich das Privileg und die Gelegenheit hatte, zu beweisen, dass meine Bemühungen für die gemeinsame Sache, die Sache der Alliierten, nicht im Geringsten behindert oder gemindert wurden, weil meine Offiziere und Männer farbig waren.

Eines ist sicher, es gab keinen Zweifel am Amerikanismus meiner Truppe, keine Frage von Bindestrichen, keine Angst, dass ihre Liebe oder ihr Hass gegenüber einer anderen Nation größer war als ihre Liebe zu unserer eigenen. Die Hingabe, der Patriotismus, die Loyalität des amerikanischen Negers stehen außer Frage. Ich behaupte nur, dass ich ihn gerecht behandelt habe — das ist alles, was er braucht oder verlangt.

Das Zweite Bataillon des Dreihundertfünfundsechzigsten Infanterieregiments der Vereinigten Staaten (das Bataillon, mit dem wir uns befassen) war eine bemerkenswerte Organisation, in vielerlei Hinsicht, trotz vieler Dinge, eine wunderbare Organisation. In der Schlachtlinie und außerhalb der Schlachtlinie, vor dem Waffenstillstand und nach dem Waffenstillstand gab es keine Phase der militärischen Kunst oder des schrecklichen Kriegsspiels, in der dieses Bataillon nicht brillierte. Beim Überqueren der Spitze, beim Angreifen feindlicher Stellungen, beim Widerstand gegen Überfälle und Angriffe, beim Durchhalten unter schwerem Artilleriefeuer, beim Aushalten von Gas aller Art, beim Patrouillieren im Niemandsland, beim Exerzieren, bei harten Märschen, in Disziplin und militärischer Höflichkeit, beim angemessenen Verhalten im Lager oder in französischen Dörfern und allgemein in seiner Lebhaftigkeit – in allem brillierte es.

Vieles davon konnte man erkennen, wenn man die Bataillons- und Regimentsakten durchging. Aber das Beste an diesem Bataillon ist nicht direkt in schriftlichen Daten und Berichten festgehalten. Es ist eine unvergängliche Erinnerung in den Köpfen und Herzen der Männer, die dieses Bataillon bildeten. Ich spreche von der großartigen *Moral* , ihrem gemeinsamen Stolz, ihrer Teamarbeit, ihrem Geist ernsthafter, fröhlicher Hilfsbereitschaft und ihrer unübertroffenen Ausdauer und Tapferkeit bei der Erfüllung ihrer Pflicht.

Den meisten von Ihnen wird es seltsam vorkommen, vielen, die in anderen Einheiten gedient haben, fast unmöglich, wenn ich Ihnen sage, dass während meiner gesamten Dienstzeit beim 365. Infanterieregiment, die ich im Dezember 1917 als Hauptmann begann und als Bataillonskommandeur endete, als das Regiment im März 1919 in Camp Upton, New York, aufgelöst wurde, *kein einziger* farbiger Offizier unter meinem Kommando jemals verhaftet wurde und *keinem einzigen* farbigen Offizier jemals mit einem Leistungsbescheid gedroht wurde. Und während der vielen schwierigen Monate, in denen ich das Zweite Bataillon befehligte, sowohl an der Front als auch außerhalb, wurden nur zwei Mannschaften von mir vor ein Standgericht gestellt – und sie wurden freigesprochen.

Dasselbe gilt für die neunhundert Offiziere und Soldaten aller Einheiten des Regiments, die in oder in der Nähe von Chicago leben und die ich aus Camp Upton holte, um sie aus dem Dienst in Camp Grant zu entlassen. Diejenigen von Ihnen, die in Chicago waren, erinnern sich, wie stolz die Abteilung Camp Grant des 365. Infanterieregiments am 10. März 1919 ohne Pannen oder einen einzigen Disziplinverstoß durch die Straßen marschierte.

Das ist zweifellos schwer zu glauben, denn es bringt eine Vielzahl althergebrachter Theorien und Lehren und ehrlicher Überzeugungen über militärische Disziplin und Effizienz ins Wanken, aber die genannten Fakten können überprüft werden. Mitglieder dieses Bataillons und Regiments sind unter Ihnen. Fragen Sie sie. Dies waren keineswegs speziell ausgewählte oder ausgesuchte Einheiten. Die Offiziere und Männer waren von allen Arten, aus allen Verhältnissen, meist Wehrpflichtige und aus allen Teilen der Vereinigten Staaten. Sie waren repräsentativ für ihre Rasse als Ganzes, doch in jedem Fall half ein wenig Kompanie- oder Militärpolizeidisziplin oder, in seltenen Fällen, eine kurze Besprechung mit dem Hauptmann oder Major. In Anbetracht der hervorragenden Leistungen der betreffenden Einheiten und insbesondere des zweiten Bataillons dieses Regiments betrachte ich dies als eine große Auszeichnung für unsere amerikanischen farbigen Soldaten. Es gibt vieles, sehr vieles, was ernsthafte Überlegungen hinsichtlich der Disziplin, Effizienz und Moral dieser Organisation verdient.

Und nun möchte ich Ihnen, meine farbigen Freunde, gleich zu Beginn, bevor ich mit dieser Vorlesung fortfahre, sagen, dass ich stolz bin, der Kommandeur dieses Bataillons gewesen zu sein. Meine Rede wird sich zwangsläufig hauptsächlich um dieses Bataillon drehen, denn ich befehligte es während der Erfahrungen des Regiments in den Frontlinien und während des größten Teils meiner Dienstzeit bei der Division. Und jetzt glaube ich mehr denn je – wie ich damals genügend Grund dazu hatte –, dass kein Bataillon irgendeiner Armee, ob weiß oder schwarz oder einer anderen Rasse oder Hautfarbe, dieselben Dinge hätte tun können und sie besser gemacht hätte als das Zweite Bataillon des Dreihundertfünfundsechzigsten Infanterieregiments, Einhundertdreiundachtzigste Brigade, Zweiundneunzigste Division der US-Armee in Frankreich.

Es könnte Sie interessieren, insbesondere nach dem, was ich über Methoden zur Disziplinierung gesagt habe – denn Ergebnisse zählen – dass ich meinen Dienstgrad als Major und, was noch viel mehr war, meinen Job als Infanteriebataillonskommandeur an der Front für meine Leistung unter Beschuss erhielt. Ich habe einige Auszeichnungen und Briefe und ein unterschriebenes Zeugnis weißer und farbiger Offiziere, die als Zeugen für Kaltblütigkeit, Tapferkeit und dergleichen aussagten. 35 oder 40 Offiziere und Männer wurden in Divisionsbefehlen für Tapferkeit ausgezeichnet. Medaillen? Nein, ich habe keine Medaillen oder besondere Auszeichnungen erhalten. Ebenso wenig wie ein lebendes Mitglied, Offizier oder Mann meines Bataillons. Tatsächlich hat meines Wissens kein einziger lebender Offizier oder Mann des gesamten 365. Infanterieregiments irgendeine Auszeichnung oder Medaille irgendeiner Art erhalten – egal ob amerikanisch, französisch, belgischer oder anderer Art. Dies erscheint jedem, der die Fakten kennt, auf den ersten Blick als eine äußerst eklatante Ungerechtigkeit oder ein Fehler.

Viele Mitglieder meines Bataillons und des Regiments, insbesondere diejenigen, die zum Zeitpunkt des Waffenstillstands und während der gesamten oder eines Teils der schrecklichen Tage und Wochen unmittelbar davor bei uns waren, spüren und ärgern sich über dies am meisten. In der Armee muss bekanntlich alles durch „militärische Kanäle" gehen – von der Kompanie zum Bataillon zum Regiment zur Brigade zur Division und weiter nach oben. Ich habe einige meiner Offiziere und Männer für

Auszeichnungen vorgeschlagen. Und wenn ich etwas über verdienstvolles Verhalten, echte Leistung, Tapferkeit, Mut und dergleichen weiß, dann, dass sie diese reichlich verdient haben. Diese Empfehlungen erreichten das Brigadehauptquartier. Meiner Meinung nach hielten es bestimmte Offiziere der regulären Armee für angebracht, sie abzuwehren.

Bald nach dem Waffenstillstand hatten wir eine Reihe seltsamer Regimentskommandeure, die kein Interesse zeigten, unsere Sache zu vertreten, und so hat das Regiment aufgrund einer Verkettung unglücklicher Umstände keine Medaillen erhalten. Ich habe gehört, dass unsere Brigade eine gewisse Anerkennung erhalten hat. Ich gönne keinem Offizier oder Soldaten seine Medaille oder Medaillen, wenn er sie tatsächlich verdient hat, aber ich bedauere es, dass mein Regiment und mein eigenes Bataillon so ignoriert werden konnten. Sie können es glauben oder nicht, wenn ich sage, dass mir Medaillen für mich selbst egal sind. Das wenige, was ich für die Sache der Demokratie getan habe – damit meine ich, was ich für mein Farbiges Bataillon getan habe, sowie meinen Versuch, den Feind zu besiegen – ist eine Angelegenheit von mir und meinem eigenen besseren Ich.

Die Auszeichnungen, auf die ich unvergleichlich stolzer bin als auf die Auszeichnungen, die ich erhalten habe, oder die Medaillen, die ich nicht erhalten habe, wurden nicht mit Tinte gedruckt oder in Metall geprägt. Sie wurden mit einer Feuerspitze in die tapferen, treuen Herzen meiner farbigen Soldaten geschrieben.

Und wer weiß (wenn ich mir ein wenig Gefühl erlauben darf)? Wer kann es sagen? Vielleicht diejenigen, die wegen der Torheit eitler Unterdrücker in dieser bösen Welt tapfer die Qualen der Hölle ertrugen und die klaglos und selbstlos alles gaben, was sie besaßen, alles, was man geben konnte – *ihr Leben gaben* – zur Verteidigung unserer großen Nation und für die Sache der Demokratie. Vielleicht, sage ich, haben einige der Geister der Toten dieses Bataillons bereits in dem glorreichen Reich jenseits geflüstert, wo der große, allmächtige Gott der Gerechtigkeit, der Liebe und des Friedens uneingeschränkt regiert und bei dem nur der Charakter des Menschen zählt. Vielleicht haben sie geflüstert oder werden flüstern: „Unser Kommandant hat nicht nur der Wut der Hunnen getrotzt, sondern auch die kleinlichen Vorurteile einiger Weißer verachtet und *uns* wie Offiziere und Männer behandelt.“

Offiziere, die für den Dienst in der 86. Division vorgesehen waren, die in Camp Grant, Illinois, aufgestellt werden sollte, wurden angewiesen, sich am 28. August 1917 zum Dienst zu melden. Ich meldete mich und wurde dem 341. Infanterieregiment zugeteilt. Als Hauptmann wurde ich zum Kommandeur der „G“-Kompanie bestimmt. Ich erhielt meine Quote der ersten eingezogenen Männer, die am 2. September eintrafen. Sie trafen weiter ein und in wenigen Wochen hatte ich zusätzlich zu meinen fünf Ausbildungslagerleutnants 292 Männer. Die neue Organisation war gerade in Kraft getreten. Waffen und Ausrüstung trafen nur langsam ein. Es herrschte mehr oder weniger Verwirrung; niemand war sich ganz sicher, was zu tun war, und ein Kompaniechef hatte eine echte Aufgabe vor sich. Ich schuftete Tag und Nacht – exerzierte, lernte, unterrichtete, erledigte Papierkram, und dann, nach etwa drei Monaten, gerade als ich wie alle anderen Hauptleute stolz darauf zu sein begann, die beste Kompanie im Regiment zu haben, und wir alle davon träumten, nach Frankreich zu ziehen, begannen sie, unsere Männer – jeweils dreißig oder vierzig pro Kompanie – in andere Divisionen zu versetzen, und uns sank der Mut.

Ich selbst versuchte, versetzt zu werden, denn wie viele andere wollte ich in Frankreich Soldat sein und nicht in Camp Grant. Kompaniechefs wurden nicht in andere Lager versetzt, aber kurz vor Weihnachten wurde ich angewiesen, mich bei der 183. Brigade zu melden, von der ein Teil in Camp Grant stationiert war. Ich wurde dann der 365. Infanterie zugeteilt, einem Regiment dieser Brigade und der 92. Division (farbig). Ich war überzeugt, dass die 92. Division, da sie die einzige vollständige farbige Division war und keine große Gefahr bestand, dass ihre Männer versetzt würden, lange vor der 86. nach Frankreich gehen würde – und das tat sie auch.

Eine Zeitlang war ich bei der Versorgungskompanie. Dann wurde ich zur Stabskompanie versetzt, einer damals ziemlich unsicheren und komplizierten Organisation mit einer genehmigten Stärke von sieben Offizieren und dreihundertfünfzehn Mann. Ich blieb bei dieser Kompanie bis nach unserer Ankunft in Frankreich.

In den Infanterieregimentern der 92. Division waren die Leutnants und Hauptleute farbig, mit Ausnahme der Regimentsstabshauptleute und der Hauptleute der Hauptquartiere und Versorgungskompanien. Die Majore, die die Bataillone befehligten, sowie der Oberstleutnant und der Oberst waren ehemalige weiße Offiziere der regulären Armee.

Wir waren erst seit kurzer Zeit in Frankreich in der Ausbildung, als ich zum Regimentsoffizier für Nachrichtendienst und Operationen ernannt wurde. Auch hier musste ich eine weitere Phase des eigentlichen Kriegsspiels lernen. Ich war für eine große Anzahl ausgewählter und speziell ausgebildeter Männer verantwortlich, die die Nachrichtendienst- und Aufklärungsabteilungen bildeten, und war gleichzeitig der Assistent des Regimentskommandeurs bei der Vorbereitung unserer eigenen Bewegungen und Operationen. Ich war direkt für alles verantwortlich, was mit unserem Wissen und unseren Informationen über den Feind zu tun hatte. Ich war auch Mitglied des Kriegsgerichts der höchsten Division – das die Befugnis hatte, die Todesstrafe zu verhängen.

Ich erhielt den Befehl, die Nachrichten- und Aufklärungsoffiziere des Bataillons und einen Teil des Nachrichten- und Aufklärungspersonals mehrere Wochen vor der endgültigen Ankunft der Division mit an die Front zu nehmen, um den Teilsektor zu studieren und kennenzulernen, den unser Regiment später besetzen sollte. Ich wurde nie zu Schulen oder auf Sondermissionen geschickt und war nie auf Urlaub oder im Krankenhaus, sondern war ständig mit kämpfenden Truppen im Einsatz.

Ich habe diese Dinge erwähnt, um Ihnen zu zeigen, dass ich mit der neuen Armeeorganisation und den neuen Kampfmethoden, die sich während des Ersten Weltkriegs entwickelt hatten, eine große und vielfältige Erfahrung gemacht hatte. Es war genau die Art von Ausbildung und Erfahrung, die einen auf die harte und verantwortungsvolle Aufgabe vorbereitete, ein Infanteriebataillon an der Front zu befehligen. Ich hatte das direkte Kommando über weiße und farbige Offiziere und Soldaten. Ich kannte die farbigen Mannschaften. Und ich kannte auch die frisch ernannten farbigen Offiziere, und zwar genau so gut wie jeder weiße Offizier in unserer Armee.

Wie ich gerade sagte, wurde ich vor dem Regiment in die Front geschickt, um den Abschnitt zu studieren, den gegenüberliegenden Feind und die Bedingungen im Allgemeinen kennenzulernen. Als wir in Hörweite der großen Kanonen ankamen und unsere Lastwagen etwas später nördlich von St. Die in Reichweite kamen, war ich voller Interesse und Aufmerksamkeit, denn endlich kam ich an einen Ort, über den ich seit 1914 gelesen, nachgedacht und mich gewundert hatte und an dem ich jede Minute gearbeitet und trainiert hatte, seit ich am 10. Mai 1917 das Trainingslager in Fort Sheridan betreten hatte. Es ist harte Arbeit, sich darauf vorzubereiten, in einem modernen Krieg getötet zu werden.

Die 5. Division der regulären Armee, die bereits an der Front erfahren war, hielt zu diesem Zeitpunkt diesen Abschnitt. Mehrere Tage war ich im Regimentshauptquartier in den Überresten des Dorfes Denipere beschäftigt . Dann machte ich mich mit Hilfe von Führern daran, den Abschnitt gründlich abzudecken und kennenzulernen. Das war keine leichte Aufgabe: Es bedeutete viele Kilometer Fußmarsch und viele Tage lang anstrengendes Klettern, von Nervenkitzel und geistiger Anstrengung ganz zu schweigen. Unsere Jungs hatten aus einem ruhigen Abschnitt einen sehr lebhaften gemacht, und einige Tage vor dem Abmarsch der 5. Division konnten sie den Frontbogen von Chapelle reduzieren und ihn teilweise halten. Alles in allem war es für einen Neuling, der die allerersten Linien erkundete, ziemlich aufregend.

An der Front, die unser Regiment besetzen sollte, gab es drei Bataillonsfronten oder -abschnitte. Jedes der drei Bataillone hatte zwei Kompanien an der Front, eine zur Unterstützung und eine in Reserve. Die Kompanien wurden alle neun oder zehn Tage verlegt. Die französische Artillerie stand hinter uns. Unsere war in der Nähe von Bordeaux im Training. Der mittlere Bataillonsabschnitt hieß CR Fontinelle . Ich erfuhr bald, dass er aufgrund der Geländebeschaffenheit dem Großteil des feindlichen Feuers und der Angriffe ausgesetzt war. Dieser Abschnitt sollte von unserem Zweiten Bataillon gehalten werden, aber ich ahnte damals noch nicht, dass ich ihn bald befehligen würde.

Die gesamte Front in Frankreich war in Bataillonsabschnitte oder Widerstandszentren, sogenannte CRs, unterteilt. Das Bataillon war die Infanterieeinheit in diesem Krieg. In der Front war ihm alles zugeordnet, was es zu einer eigenständigen Organisation machte — Maschinengewehrkompanien, Pioniertruppen, Einpfünder- und Stokes-Mörsereinheiten, Versorgungsausrüstung, Sanitätspersonal und so weiter. Regiments- und Brigadefronten variierten in Größe und Art und Weise, wie sie gehalten wurden. Oft hatte ein Regiment nur ein Bataillon an der Front, manchmal zwei und selten drei, wie in unserem Teil des St. Die-Abschnitts.

In diesem Sektor gab es drei Verteidigungslinien oder -systeme. Erstens das Front- oder Erstliniensystem mit Stellungen und Schützengräben, Kampfgruppen, Unterständen, Verbindungswegen, Maschinengewehrstellungen , Grabenmörsern, Stacheldraht und, nun ja, es würde lange dauern, sie alle aufzuzählen. Man könnte leicht einen ganzen Abend damit verbringen, über jede einzelne Phase der Sache zu berichten. Zwei bis drei Meilen weiter hinten in diesem Sektor befanden sich die sekundären Linien oder das System mit Schützengräben, Stacheldraht und allem, alles bereit zur Besetzung. Etwas weiter hinten befand sich der Großteil der leichten Artillerie. Mehrere Meilen weiter hinten befand sich das dritte Liniensystem und die schwere Artillerie. Das Frontliniensystem war am interessantesten und bei weitem das gefährlichste. Und noch eines dazu: Im Falle eines feindlichen Angriffs hielten sie. Mit anderen Worten, ihre Besatzung blieb und kämpfte bis zum letzten Mann. Das waren ständige Befehle, und in meinen Augen übten die Schützengräben und Männer an der Front damals eine ganz besondere Faszination auf sie aus .

Was mich in meinen ersten Tagen an der Front beeindruckte, war das Ausmaß, die Größe der Arbeiten, der enorme Arbeitsaufwand, der erforderlich war, um diese Stellungen unter Beschuss auszuheben und zu bauen, das Schneiden und Tunneln vielerorts durch massiven Fels, auch das militärische Wissen, das bei der Lokalisierung und dem Bau von Kampfgruppen, Beobachtungsposten, Schussfeldern und dergleichen zum Tragen kam, und die Menge an Systematik, Mut und Energie, die erforderlich war, um sie zu halten. Aber ein schreckliches, hässliches, entmutigendes Wort schien aus globaler Sicht überall auf diesem Unternehmen zu stehen: Verschwendung – Verschwendung von Menschenleben, Verschwendung von Zeit, Verschwendung von Regierungsgeldern, Verschwendung all jener Dinge, die die fehlgeleitete Menschheit liebt und für die sie kämpft. Was für eine schockierende, was für eine traurige Lektion, allein vom Standpunkt der *Verschwendung* aus!

Als ich mich dann an den Gedanken dieser entsetzlichen und törichten Verschwendung gewöhnt hatte und mich ein wenig daran gewöhnt hatte, begann mich etwas anderes stärker zu reizen. Die Schönheit der Landschaft und die belebende Luft und der Sonnenschein der Berge. Es war Sommer, strahlender, leuchtender, herrlicher Sommer. Die ganze Natur vibrierte und kribbelte vor Leben und Freundlichkeit. Der Himmel war so hell, die Luft so klar, so belebend; die Bäume so grün und frisch. Die Blumen, das Gras, sogar das Unkraut und selbst das Moos auf den Felsen schienen voller und melodischer Freude.

Kleine Bäche, kalt und glitzernd, sprangen über große Felsblöcke durch schattige Schluchten und mündeten weiter unten in den urkomischen Strom, der sich weiter unten, wo die große Schlucht breiter geworden war, ruhig seinen Weg durch die Ruinen des malerischen Dorfes Denipere und durch das weite Tal dahinter bahnte. Und was für ein Panorama bot dieses Tal von der Straße auf einem Berghang nördlich der Stadt, besonders abends, wenn der Abschiedskuss einer großen roten Sonne auf dem gewundenen Fluss zwischen seinen grünen Ufern und seinen Weidenbüschen glühte und auf den Ziegeldächern der verbliebenen weißen Steinhäuser, den verschiedenfarbigen Feldern und Waldstücken, den weißen Straßen und ihren Reihen hoher Bäume, den Hügeln und schattigen Senken und der herrlichen Bergkulisse in der Ferne glitzerte. Es sah jedes Mal anders aus, wenn ich es betrachtete, aber immer war da der friedliche Glanz und die Herrlichkeit von Gottes Werk. Hier war tatsächlich La Belle France.

Anfangs vergaß ich oft mich selbst, verlor mich in heiterer Meditation, während ich über das bezaubernde Tal blickte oder die stattlichen, von dichtem Laubwerk umhüllten Bergstraßen entlangging oder einen abgelegenen Pfad oder einen Liebespfad neben einem plätschernden Bach entlangging und den scharfen Geruch von Pflanzen und kühler, feuchter Erde tief einatmete. Dann kam ich plötzlich zu der Erkenntnis zurück, dass diese kreischenden Granaten, diese metallischen Risse, diese seltsamen, schrillen Explosionen dazu bestimmt waren, zu *zerfleischen* und *zu töten*! Dass ein auf Zerstörung aus seiender Feind nur etwa eine Meile entfernt war; dass diese glitzernden Flugzeuge, die hoch oben schwirrten, auf einer Mission des Hasses und Mordes waren; dass diese kleinen Hügel, die ich überall sah, mit Holzkreuzen an einem Ende, die Gräber feiner junger Männer waren, die von ihren Mitmenschen zerfleischt und erschlagen worden waren. Die ganze Umgebung so inspirierend, so schön; die ganze Natur so lächelnd und so harmonisch und der arme, verblendete, eitle Mensch so aus der Harmonie geraten. Irgendwo, irgendwie stimmte etwas nicht – furchtbar, verdammt falsch.

Dann beobachtete ich ganz unten in den vordersten Linien, am Rande des „Greuels der Verwüstung", des Niemandslandes, die feinen jungen Männer unserer Fünften Division, die schweigend neben ihren Maschinengewehren oder Gewehren standen und mit aschfahlen Gesichtern und starren Augen über die zerrissene, gefürchtete Weite blickten, die sie von einem listigen und tödlichen Feind trennte, und allmählich wandelten sich meine Gefühle von Freude über die Gesundheit, die Bergluft und die Reize der Natur zu Niedergeschlagenheit und Traurigkeit und Hass auf diejenigen, die in ihrer blinden Eitelkeit und selbstgerechten Gier jene Prinzipien und Strategien befürworten und aufrechterhalten, die zu Streit, Kummer und Krieg führen.

Hier wurden, noch verstärkt durch die Herrlichkeit der Natur, die Schrecken des Krieges und der furchtbare Beweis für die Erniedrigung der Menschheit sichtbar – trotz ihrer sogenannten christlichen Zivilisation.

Gräber und Gefahr und Tod. Tod über dem Kopf , Tod unter den Füßen, Tod in jeder Richtung – Leiden, Einsamkeit, Sehnsucht, Qual, Tod – *Tod!* Aber die gierigen Unholde, die wirklich dafür verantwortlich waren, waren nicht da. Und eine Art Ehrfurcht überkam mich und ein Gefühl zarten Mitleids für diese tapferen, selbstlosen Männer, viele von ihnen noch Jungen, die still und majestätisch dastanden und dem Tod in diesen Schützengräben an der Front ins Auge blickten .

Die Zeit verging schnell, denn wie alle Offiziere unserer Armee, die die Front betraten, hatte ich, unabhängig von meiner vorherigen Ausbildung, noch viel zu lernen. Es gab auch so viel zu staunen und zu bedenken, denn meine Arbeit führte mich in alle Teile unseres Sektors und erforderte ein sorgfältiges Studium des Feindes. So fiel mir beispielsweise bald auf, dass die Männer der Einheiten, die die gefährlichsten Stellungen besetzten und die größten Unannehmlichkeiten und Belastungen erlitten, am sorglosesten und ruhigsten wirkten. Auf ihren Gesichtern lag ein Ausdruck, eine Atmosphäre um sie herum, die während der Ausbildungszeit hinter den Fronten nicht dagewesen war. Dies eröffnete viele Denkanstöße, und ich denke immer noch darüber nach.

Dann eines Tages, bevor ich merkte, dass es Zeit war, sah ich kleine Gruppen blau gekleideter Soldaten - die Soldaten Frankreichs - in Dénipere herumstehen , und auf den Straßen sah ich weitere kleine Gruppen; am nächsten Tag waren es mehr, und am folgenden Morgen fand ich wie durch Zauberei die gesamte Stellung mitsamt den Frontlinien besetzt und gehalten von diesen ruhigen, müde dreinblickenden, robusten Helden Frankreichs. Die Jungs unserer Fünften Division waren in der Nacht ausgezogen. In der folgenden Nacht rückte mein Regiment ein. Die französische Infanterie zog einige Tage später ab, als wir uns in unseren Stellungen etabliert hatten. Kurz darauf wurde ich zum Kommandeur unseres Zweiten Bataillons ernannt, das den mittleren Abschnitt namens CR Fontinelle hielt .

An dem Tag, an dem ich das Kommando übernahm, führte der Feind einen seiner berühmten Angriffe durch. Zweieinhalb Stunden lang feuerte er konzentriert auf die Frontlinie des Zweiten Bataillons , verwandelte es dann in ein nahezu perfektes Sperrfeuer um die beiden Frontkompanien herum und überfiel uns durch unsere linke Flanke. Der Angriff wurde von einem ihrer berüchtigten, speziell ausgebildeten Stoßbataillone durchgeführt, das zu diesem Zweck in den Abschnitt geschickt wurde. Dank der hervorragenden Arbeit der beiden Frontkompanien und der Unterstützungskompanie, die von einer Pionierkompanie unterstützt wurde, wurden sie bald vertrieben. Sie schafften es, die meisten ihrer Toten und Verwundeten mit sich zu schleppen, ließen aber beträchtliche Ausrüstung zurück, darunter mehrere Maschinengewehre, die sie hergebracht und in unseren Schützengräben aufgestellt hatten.

Es würde den ganzen Abend dauern, nur von dieser einen Aktion oder dem Überfall auf Fontinelle zu berichten . Ich könnte Ihnen so viel über mein Bataillon erzählen, lustige Dinge ebenso wie ernste, ganz zu schweigen von unserer Division oder den französischen Soldaten und Leuten und was nicht alles, dass ich kaum weiß, was ich erzählen soll.

Ich weiß aber, dass wir nicht viel Zeit haben, und deshalb denke ich, dass wir einen großen Sprung machen und ebenso interessante Dinge überspringen werden: die Bombardierungen, die Patrouillen, die Überfälle, die Erlebnisse und Prüfungen bei Fontinelle , dann die harten Märsche, die schlaflosen Nächte ohne Obdach in kaltem Regen und Schlamm, die Strapazen der Argonnen und unsere Rolle in den ersten Tagen des berühmten amerikanischen Vorstoßes, unseren mühsamen Weg von dieser Front und unsere Übernahme von den Franzosen in der Nacht vom 6. auf den 7. Oktober in CR Musson, einem wichtigen Abschnitt der Front des Marbache-Sektors, am Ostufer der Mosel, gleich südlich und etwas westlich von Metz.

Ich werde die vielen interessanten und anstrengenden Ereignisse und Erlebnisse der einunddreißig Tage überspringen — intensive, nervenaufreibende Tage und Nächte, die wir in dieser Position verbrachten — und ein paar Tage vor dem Waffenstillstand oder kurz vor der Vorbereitung des lange diskutierten Vorstoßes auf Metz damit beginnen. Ich werde nur Zeit haben, Ihnen kurz einen kleinen Teil davon zu erzählen, aber vielleicht bekommen Sie eine vage Vorstellung davon, wie die Jungs kämpften, litten und siegten.

Zunächst nur ein paar Worte, um Ihnen zu zeigen, wie die 92. Division den Marbace- Sektor erobert und gehalten hat. Am 6. Oktober um drei Uhr morgens, nach einem Marsch die ganze Nacht hindurch, traf das Zweite Bataillon des 365. Infanterieregiments in Aton ein, einem Dorf etwa 5 Kilometer hinter der Front. Den ganzen Tag verbrachte ich an der Front mit dem Kommandeur des französischen Bataillons, das damals den CR hielt. Am Nachmittag kamen meine Offiziere und ein Teil der Unteroffiziere und gingen die ihnen zugewiesenen Positionen durch. In dieser Nacht rückten wir heimlich vor und die Franzosen zogen ab.

Dies war eine Schlüsselposition. Durch sie verlief, zwischen 200 und 500 Yards vom Flussufer entfernt, die so genannte Große Metz-Straße. Wir hielten eine Front von etwa anderthalb Meilen. Ich wünschte, ich hätte eine große Karte oder eine Tafel und Zeit, es Ihnen zu zeigen. Ich kann jetzt alles so deutlich sehen, als wäre ich dabei. Auf der anderen Seite der Mosel befand sich damals auf unserer linken Seite eine weiße Division. Ungefähr zwei Wochen vor dem Waffenstillstand wurde die CR neben uns und angrenzend an den Fluss von einem Bataillon des 367. Infanterieregiments unserer Division übernommen und besetzt. Die CR auf unserer rechten Seite wurde in der Nacht nach unserer Ankunft vom 1. Bataillon unseres Regiments eingenommen. Das 1. und das 3. Bataillon hielten abwechselnd diese CR. Das 366. Infanterieregiment hielt ein Bataillon auf seiner rechten Seite in Linie. Daran grenzten die Franzosen. Unsere eigene Divisionsartillerie ging nur wenige Tage vor dem Ende hinter uns in Position. Anfangs hatte unsere Division drei Bataillone und in den letzten zwei Wochen sogar vier Bataillone in der Frontlinie. Wir hielten einen Frontabschnitt im Marbache- Sektor mehrmals so lange wie jedes andere Bataillon der Division . 31 Tage am Stück waren eine lange, harte Zeit für ein Bataillon in einer wichtigen und alles andere als ruhigen Front- oder Erstlinienposition .

Schließlich wurden wir in der Nacht vom 6. auf den 7. November etwa fünf Meilen zurück zur zweiten Verteidigungslinie verlegt. Die Offiziere und Mannschaften waren fast völlig erschöpft, viele von ihnen standen kurz vor dem Nervenzusammenbruch. Aber selbst jetzt sollte das Bataillon keine Ruhe bekommen. Am 7. führten wir gemäß den Befehlen des kommandierenden Generals eine Operation durch, bei der die Kompanie „H“ und die Hälfte der „E“ über die Spitze gingen, und am 8. war ich sehr kurzfristig wieder an der Front und befehligte eine Kontaktpatrouille bei Tageslicht, bei der ich die gesamte Kompanie „F“, die Hälfte der „G“ und einen Teil der Regiments-Maschinengewehrkompanie einsetzte.

also fast das gesamte Bataillon, anstatt sich auszuruhen, wieder ganz nach vorne, über die Spitze und wieder zurück. Das waren kleine, aber äußerst anstrengende – so müde wir auch waren – und auch ziemlich kostspielige Operationen. Ich sage klein – ich meine vergleichsweise klein im Hinblick auf die Zahl der beteiligten Offiziere und Männer, aber für den einzelnen Einsatz waren es viele, ziemlich viele. Einige wurden getötet und viele verwundet, darunter zwei Hauptleute, Mills, Kommandeur der „F"-Kompanie, und Cranson, Kommandeur der „G"-Kompanie.

Dieses Bataillon hatte im Sektor St. Die die meiste Zeit über durchgemacht, hatte in den Argonnen seinen vollen Beitrag geleistet (obwohl aufgrund des Kriegsglücks, nehme ich an, kaum oder gar keine Erwähnung davon gefunden wird) und hatte im Sektor Marbache bis zur Nacht vom 6. auf den 7. ununterbrochen die wichtigste CR gehalten, und nach den soeben erwähnten Operationen des 7. und 8. können Sie sich ein Bild davon machen, in welchem Zustand sich meine Truppe am Morgen des 9. November befand.

Trotzdem erhielt ich am Morgen des 9. November die Nachricht, dass der kommandierende General gerade im Regimentshauptquartier in Loisey eingetroffen war und mich sofort sprechen wollte. Also stieg ich, hundemüde, mit Schmerzen am ganzen Leib und todmüde, in einen Beiwagen und fuhr zurück. Wie erwartet überreichte er mir einen Befehl, einen Brigadebefehl, der vom Divisionshauptquartier, dem GHQ, und dem Alliierten Oberkommando genehmigt worden war und die Rolle unserer Brigade bei der Eröffnung oder Vorbereitung des Metz-Vorstoßes abdeckte. Es begann ungefähr so: „Major Warner A. Ross, Kommandeur des Zweiten Bataillons des 365. Infanterieregiments, wird am 10. November um fünf Uhr morgens feindliche Stellungen – nennen Sie sie – östlich der Mosel angreifen, bis zum nördlichen Rand des Bois Frehaut und bis zu diesem und jenem Punkt am Flussufer vorrücken und bis auf Weiteres dort bleiben", usw. An diesem Abend erhielt ich einen ähnlichen Befehl, der gegenüber dem ersten etwas abgeändert war, aber im Wesentlichen bedeutete, dass es an uns – dem Bataillon – lag, diese starke Schlüsselposition gleich flussaufwärts von Metz einzunehmen und vor allem zu halten.

Für uns war es ein Frontalangriff auf die allgemeine Stellung von Metz. Wie weit die Alliierten vorhatten oder erwarteten, geradeaus in Richtung Metz vorzustoßen, weiß ich nicht. Der lange Vormarsch sollte südöstlich von uns stattfinden, mit der Absicht, Metz schließlich zu isolieren. Gemessen an dem, was uns und den Angreifern an unseren Flanken während des 10. und 11. widerfuhr, wäre es töricht, wenn nicht unmöglich gewesen, weiter entlang der Mosel vorzurücken. Deshalb war die Eroberung und Verteidigung von Bois Frehaut besonders ruhmreich.

Die Kommandeure unserer Division und Brigade schienen sehr darauf bedacht, dass diese Operation ein Erfolg wird. Bis zu diesem Zeitpunkt hatte die Division noch nichts wirklich Aufsehenerregendes bei der Eroberung deutscher Festungen erreicht, aber hier, bevor der erwartete Waffenstillstand in Kraft trat, bot sich die Gelegenheit, die Fähigkeiten und den Wert der Division unter Beweis zu stellen und alle Gerüchte zu widerlegen, die möglicherweise im Umlauf waren. Mit anderen Worten, um einen meiner hochrangigen Vorgesetzten zu zitieren: Ein voller und echter Erfolg hier würde der Division für immer eine Standfestigkeit verleihen.

Mir wurde also die Ehre zuteil, das direkte Kommando über die Hauptoperation zu haben, die den lang diskutierten Vorstoß der Alliierten zur Eroberung von Metz einleitete, der angeblich uneinnehmbarsten deutschen Festung. Mir wurde auch die Gelegenheit geboten, einem farbigen Bataillon die Chance zu geben, seinen Wert über alle Erwartungen hinaus zu beweisen, ihnen zu helfen, das weit verbreitete Gerücht zu widerlegen, dass farbige Truppen unter echtem und anhaltendem schwerem Beschuss nicht vorrücken und standhalten könnten, ihnen zu helfen, den Eindruck zu zerstreuen, den so viele hatten, dass farbige Offiziere – Zugführer und Kompaniechefs – nicht erfolgreich mit farbigen Soldaten fertig werden könnten. Kurz gesagt, ihnen die Chance zu geben, einen Sieg zu erringen, der im Laufe der Jahre immer deutlicher hervortreten wird, einen Sieg, der alle Tugenden erfordert, die Soldaten als Einzelne und als Kollektiv besitzen sollten – einen klaren, ununterbrochenen, vollständigen und unumstößlichen Sieg, wo andere versagt hatten, und gegen eine Festung, die Teil einer strategischen Position war und diese verteidigte, die der Feind um jeden Preis halten wollte.

Die Wahl fiel auf das Zweite Bataillon des Dreihundertfünfundsechzigsten Infanterieregiments, obwohl es schon lange an der Front arbeitete, seine Reihen stark dezimiert waren und es zu wenige Offiziere gab. Verstärkt durch andere Einheiten, andere Männer und andere Offiziere des Dreihundertfünfundsechzigsten Infanterieregiments wurde das Zweite Bataillon schließlich seiner größten Bewährungsprobe gerecht – seiner goldenen Chance. Ich werde versuchen, Ihnen kurz zu schildern, was es bewirkte, denn „Bois Frehaut " wird unter den Kanonen von Metz ein Denkmal für die Disziplin, die Effizienz, den Mut und die Pflichterfüllung eines amerikanischen farbigen Bataillons bleiben.

Das 367. Infanterieregiment hatte, wie bereits erwähnt, vor kurzem einen Bataillonsabschnitt oder CR auf der anderen Seite des Flusses eingenommen. Auch sie hatten den Befehl, vorzurücken. Ein Bataillon der weißen Division auf ihrer linken Seite sollte ebenfalls vorrücken. Auf unserer rechten Seite sollte ein kleiner Teil eines Bataillons (um genau zu sein, zwei Züge – etwa die Hälfte einer Kompanie) des 366. Infanterieregiments durch unser Drittes Bataillon vorrücken und diesen CR dann besetzen.

Ich kann Ihnen auch sagen, was viele Leute wissen: Obwohl dies der Beginn der großen alliierten Bewegung zur Eroberung der strategischen Festung Metz war, während sich eine Division nach der anderen hinter uns und zu unserer Rechten sammelte, stürmte das Bataillon der weißen Division links vom Dreihundertsiebenundsechzigsten am Morgen des 10. um null Uhr vor, verlor in weniger als fünf Minuten einhundertsechsundfünfzig Mann und zog sich in seine Schützengräben zurück. Das Angriffsbataillon des Dreihundertsiebenundsechzigsten schätzte die Situation ein und konnte seine Schützengräben kaum verlassen, so vernichtend war das Feuer.

Die Truppen eines Teils eines Bataillons des 366. Regiments auf unserer rechten Seite stürmten hinaus, um ein kleines Gehölz östlich der Stellungen einzunehmen, die wir einnehmen wollten, erreichten fast ihre Ziele und stürmten aufgrund der Genauigkeit und Intensität des feindlichen Feuers zurück. Aber es spielte keine große Rolle, abgesehen davon, dass die rechte Flanke meines Bataillons völlig offen war, denn Bois de la tête d'Or und Bois Frehaut unserer Stellung umgingen sie weit und machten sie für die Deutschen unhaltbar. Eine Karte der beteiligten Stellungen erzählt die Geschichte. Ich erzähle Ihnen dies nicht, um Einheiten auf unserer rechten und linken Seite zu diskreditieren oder herabzusetzen, sondern um zu beweisen, dass das, was das zweite Bataillon des 365. Infanterieregiments dort vollbrachte, alles andere als einfach war und dass der Feind bei der Verteidigung von Metz entschieden im Einsatz war.

Bois Frehaut ist ein hügeliger, dichter Wald etwa 500 Meter östlich der Mosel, der sich aus niedrigem, flachem, sumpfigem Land erhebt. Dieses niedrige Gelände erstreckt sich um den Wald herum und ostwärts südlich davon, zwischen ihm und dem nördlichen Rand von East Pont-a-Musson, in Form einer breiten Senke, die sich allmählich verengt und von einem Punkt südlich der Waldmitte an ansteigt. Diese breite Senke war Niemandsland. Hinter Bois Frehaut im Norden stieg das feindliche Gelände weiter an und gipfelte in einem sehr hohen Hügel oder Berg, von dem aus man den Wald, das Niemandsland, Pont-a-Musson und das ganze Land meilenweit überblicken konnte. In der Nähe seines Gipfels befand sich ein außergewöhnlich schöner Beobachtungsposten, der über einen langen Tunnel erreichbar war.

Wenn von der Aktion in Bois Frehaut oder der Einnahme von Bois Frehaut die Rede ist , sind die Orte Belle Aire Farm, Bois de la Tete d'Or und Ferme de Pence eingeschlossen. Sie sind Teile von Bois Frehaut und schließen sich diesem an . Diese Stellung war ein separater und abgegrenzter Ort, der vollständig von freiem Gelände umgeben war und für den Feind eine optimale Verteidigungsposition bot. Mein Wissen über die Aktionen der

Einheiten rechts und links von uns erlangte ich während der Aktion durch meine Bemühungen, mit den Einheiten an unseren Flanken in Kontakt zu bleiben und eine Verbindung zu ihnen herzustellen.

In den vorangegangenen vier Monaten hatten alliierte Truppen dreimal versucht, diesen Bois Frehaut einzunehmen . Einmal gelangte eine französische Einheit nach beträchtlicher Artillerievorbereitung durch eine Wendebewegung an dessen Rand und blieb etwa zehn Minuten. Später drangen französische senegalesische Truppen ein kurzes Stück in die Ostflanke ein und blieben weniger als eine Stunde. Als die amerikanischen Truppen den Frontvorsprung von St. Mihiel reduzierten, führten sie einen Frontalangriff auf Bois Frehaut und Ferme de Belle Aire aus, eine Vorpostenposition davor und etwa halb so breit wie der eigentliche Wald. Dieser Vorstoß oder diese Engstelle sollte östlich von Bois Frehaut beginnen und ihn mit dem großen Frontvorsprung einnehmen, musste jedoch auf Bois Frehaut umschwenken , anstatt die Linie von Momeny aus zu begradigen , da dieser in der Nähe von Metz und einem der starken Außenzentren lag, die ihn verteidigten, sodass die Angreifer nie durch das äußere Stacheldrahtsystem kamen. Infolgedessen war die erste Linie der Alliierten auf der Westseite des Flusses unserer Linie am Ostufer mehrere Kilometer voraus, bevor wir Bois Frehaut einnahmen und begradigten. Ich erinnere mich, dass ich beim Durchqueren des Drahtzauns Ferme de Belle Aire in einem kleinen Abschnitt 26 amerikanische Leichen oder Leichenteile zählte. Sie lagen oder hingen dort seit etwa dem 13. September.

Das war also die Lage, die das Zweite Bataillon des Dreihundertfünfundsechzigsten Infanterieregiments einnehmen und halten sollte. Es fehlten zwei Hauptleute und neun Leutnants, seine Reihen waren stark dezimiert und die ganze Truppe war todmüde. Es war der Morgen des Neunten, die Kompanien waren weit voneinander entfernt, wir befanden uns fast fünf Meilen hinter unserer Frontlinie und sollten am nächsten Morgen um fünf Uhr angreifen.

Es war keine Minute zu verlieren. Am frühen Nachmittag waren wir in East Pont-a-Musson. Dort wollten wir die Nacht damit verbringen, unsere Vorbereitungen abzuschließen. Unsere ersten Linien lagen an der Stelle, an der ich beschlossen hatte, sie zurückzulassen, direkt nördlich des Stadtrandes. Von dort verliefen sie mehrere Kilometer in nordöstlicher Richtung, aber meine Befehle verlangten einen Frontalangriff *entlang* der gesamten feindlichen Front. Meine Vorgesetzten und ihre Assistenten, die die allgemeinen Richtlinien für diese und mehrere frühere Angelegenheiten festgelegt hatten, schienen sich über mögliche Verluste für uns keine Gedanken zu machen. Ich habe hier nicht die Zeit, auf Einzelheiten dieser Aussage einzugehen, aber ich versichere Ihnen, dass ich nichts Fantasievolles erzähle oder etwas, das ich nicht belegen kann . Ich sage wenig oder gar nichts über ein anderes Bataillon oder eine andere Organisation als meine eigene. Was ich darüber und über Dinge sage, die damit zusammenhängen, ist nicht auf andere Dinge anwendbar. Es ist das Ergebnis persönlicher Kenntnisse und Erfahrungen.

Der kommandierende General hatte mir Glück gewünscht und war abgereist. Der Oberstleutnant hatte mir das Regiment praktisch zur Verfügung gestellt und war nach Loisey gegangen . Die ganze Sache lag nun an uns. Es gab tausend Dinge zu bedenken und zu tun und nur sehr wenig Zeit, um sie zu erledigen. Ich rief die Offiziere zusammen und gab Anweisungen zu Ausrüstung aller Art – Munition, Gasmasken, Bindepaste, Verpflegung – Dinge, die zurückgeschickt werden mussten, und so weiter.

Ich ließ bestimmte Einheiten der Hauptquartierkompanie rufen und gliederte einen Teil der Offiziere und Mannschaften des Ersten Bataillons an. Übrigens war dessen Major einige Tage zuvor von den Deutschen getötet worden. Ich ließ auch die Regiments-Maschinengewehrkompanie rufen, denn ich hatte die Vorahnung, dass die Kompanie des Brigade-Maschinengewehrbataillons, die mir laut Befehl Bericht erstatten sollte, nicht rechtzeitig eintreffen würde. Also ging ich auf Nummer sicher. Dann verbrachte ich etwa zwei Stunden damit, die Vorbereitungen zu inspizieren und zu beobachten. Um 18 Uhr setzte ich mich hin, um unseren Angriffsplan im Detail zu studieren und zu systematisieren. Alles musste im Voraus durchdacht und arrangiert werden. Alle Eventualitäten mussten, wenn möglich, vorhergesehen und berücksichtigt werden. Der Feind, gegen den wir antraten, war hoch organisiert und kannte seine Position. Er war erfahren, effizient und schlau in der Kriegskunst.

Pünktlich um halb neun versammelten sich die Offiziere wie befohlen in dem Haus, das wir als provisorisches Bataillonshauptquartier nutzten. Die Kompanie des Maschinengewehrbataillons war noch nicht eingetroffen, und für das, was wir vorhatten, waren Maschinengewehre wichtig. Also rief ich Captain Allen und seine Leutnants unserer Regiments-Maschinengewehrkompanie zur Besprechung. Wäre die andere Kompanie eingetroffen, läge Captain Allen von der Kompanie, die ich auf eigene Initiative herbeigerufen hatte, jetzt wahrscheinlich nicht in Frankreich begraben. So funktioniert das Schicksal, wie manche es nennen. Es ist traurig, Offiziere und Männer auf Missionen mit fast sicherem Tod schicken zu müssen, besonders wenn sie so bereitwillig und sogar begierig darauf sind, zu gehen, und wenn man sie so gut kennt, wie ich meine kannte, aber so ist der Krieg.

Stundenlang arbeiteten wir in einem Raum, der nur von Kerzen erhellt war. Wir studierten Karten und Blaupausen und planten jede Bewegung jeder Abteilung und jedes Zuges im Detail. Kompanie- und Zugführer legten ihre

Kurse fest, zeichneten Karten und studierten sie sorgfältig, denn sie mussten nach dem Eindringen in den feindlichen Stacheldrahtzaun unabhängig und mit Kompass vorrücken. Wir probten sorgfältig unsere Verbindungspläne. Kurz gesagt, wir gingen jedes Detail durch; alle Notfälle, die wir uns vorstellen konnten, wurden besprochen, sodass jeder Hauptmann und jeder Zugführer (einige waren Unteroffiziere) seine Rolle und deren Beziehung zum Ganzen kannte. Jeder erklärte laut, was er genau zu tun hatte und wann und wie und wie diese und jene Entwicklungen seine Handlungen beeinflussen würden. Denn Sie müssen wissen, dass wir unsere Mission nur durch nahezu fehlerlose Teamarbeit erfüllen konnten.

Diese starke und scheinbar uneinnehmbare Schlüsselposition unter den schweren Kanonen der weltberühmten Festung Metz zu erobern und zu halten, ganz zu schweigen von ihren anderen Verteidigungsmitteln, mit nur einem Bataillon und nur fünf Minuten Artillerievorbereitung, bedeutete nicht, mit einem Paukenschlag loszustürmen und alles vor uns wegzufegen. Es erforderte gründliche, praktische Kenntnisse, die durch Erfahrung in allen komplizierten Phasen des Graben- und offenen Krieges erworben wurden. Es erforderte Offiziere und Unteroffiziere mit eisernen Nerven und kühlem Urteilsvermögen unter Beschuss sowie tapfere Truppen mit außergewöhnlicher Disziplin und bester Ausbildung. Ob die Vorgesetzten erwarteten, dass wir Erfolg hätten, oder ob sie erwarten konnten, dass irgendein Bataillon Erfolg hätte, bezweifelte ich. Also hatte ich mich entschlossen, dass wir Erfolg haben würden.

Um 1:35 Uhr morgens erhielt ich telefonisch die Nachricht vom Brigadeadjutanten, dass die Stunde Null sieben statt fünf Uhr sein würde. Um 3 Uhr morgens sagte ich: „Ich werde euch hinüberführen und zu diesem Ort. Ich werde bei euch bleiben und dort bleiben . Ich werde nur auf Befehl der zuständigen Autorität zurückkehren, es sei denn, ich werde bewusstlos oder tot zurückgebracht. Diese Besprechung ist vertagt." Eine volle Minute lang blieben sie vollkommen still – keiner rührte sich. Dann standen sie einer nach dem anderen auf, schüttelten mir die Hand und marschierten hinaus in die Kälte und Dunkelheit – die weite, bedrohliche Außenwelt. Und da wusste ich am Gesichtsausdruck jedes Anführers, dass wir entweder vernichtet werden oder gewinnen würden.

Sie weckten ihre Männer, denn ihnen war befohlen worden, so viel Ruhe wie möglich zu bekommen. Und dort, in der Kälte und mitten in der Nacht, erklärten sie ihnen genau, was zu tun war. Sie erklärten jedem Mann seine Aufgabe, denn jeder hat bei einer solchen Aufgabe seine Aufgabe. Bestimmte Dinge waren während der Nacht eingetroffen. Diese wurden verteilt, letzte Inspektionen wurden durchgeführt und um fünf Uhr war alles startklar. Die vier Infanteriekompanien „H", „G", „E" und „F", die Regiments-Maschinengewehr-Kompanie, die Einpfünder- und Stokes-Mörserzüge, der

Pionierzug und die Signaleinheiten der Hauptquartier-Kompanie, die Spezialabteilungen des Divisionshauptquartiers, die Ärzte und Krankenträger – sie alle waren dort in Bataillonsfront in vergrößerten Abständen entlang der großen Straße nach Metz aufgestellt .

Einen Moment lang hielt ich inne, als hätte ich mein Bataillon gespürt oder gespürt, denn ich konnte nur die Schatten der wenigen sehen, die mir am nächsten standen. Ich fragte mich, ob die Leute zu Hause wussten oder sich vorstellen konnten, was diese Männer für sie taten und litten. In dieser ganzen schrecklichen Nacht hatte ich kein einziges Wort der Klage gehört. Kein einziges Murren hatte mein Ohr erreicht, und ich musste lächeln, als ich mich an die vielen Male zuvor erinnerte, sogar weit weg in den Argonnen oder in St. Die (es schien damals eine Ewigkeit her), als ich mich in Hörweite von trostlos aussehenden Männergruppen genähert hatte, die die ganze Nacht über zitterten, vielleicht in tiefem Schlamm und kaltem Regen, aufgrund von Fehlern weiter oben oder aus unvermeidlichen Gründen, und irgendein alter Kerl in der Gruppe angefangen hatte zu singen oder etwas Dummes zu sagen, das lustig sein sollte, und wie alle anderen *gelacht hatten* – zu meinem Wohl. Und das waren die Männer, die ich dorthin führen sollte, wo es für uns alle nach sicherer Vernichtung aussah. Das waren die Überreste dieses Bataillons, und ich –, aber die Stunde war gekommen.

Ich begann rechts der Linie, das wäre die letzte, wenn sie in Kolonne einschwenkten, gefolgt von meinem Adjutanten, Leutnant Pritchard. Es war kurz vor der Morgendämmerung, die gruseligste und frostigste aller Stunden – ein paar Grad über Null, aber der kalte, flauschige Nebel, der uns umhüllte, schien uns bis in die Knochen zu durchdringen. Es drang gerade genug Licht durch, damit ich jeden Offizier und jeden Mann erkennen konnte, während ich langsam dicht an der Linie entlangging. Kein Wort wurde gesprochen – kein Laut, außer dem nie endenden *Kreischen* einer gelegentlichen Granate mit ihrer hässlichen Explosion oder dem rasselnden, widerhallenden *Tat, Tat, Tat-a-tat!* eines Maschinengewehrs oder eines automatischen Gewehrs in der Ferne.

die ganze breite Front entlang – traurig und blickte jedem Mann ins Gesicht, der so in seine Gedanken vertieft war. Wie verkrampft, wie müde – wie abgekämpft sie aussahen. Viele Wangen waren nass von Tränen. Jeder Mann bemühte sich zu lächeln. Viele Kinns und Lippen zitterten. Die Kälte und die Dunkelheit schienen voller *Tod* zu sein. Aber jeder Kopf war hoch erhoben. Jede Gestalt war starr aufrecht. „Sie sind einfach großartige Kinder“, dachte ich, „so stolz auf ihr Opfer, so tapfer, so treu in dieser schrecklichen ersten Stunde – großartige, vertrauensvolle, unschuldige Jungen, die für die Sünden und zum Wohle anderer leiden, und meine ist die traurige, oh, *unsagbar traurige Pflicht, sie in den Tod zu führen oder zu noch schlimmeren Schrecken und Leiden.“ Wäre ich nicht mit ihnen* gegangen, hätte ich ihnen in diesem Moment nicht gegenübertreten können. Ich erreichte das Ende der Reihe. Mein Stab und meine Läufer reihten sich hinter mir ein. Der Hauptmann der führenden Kompanie gab ein Signal, das die Reihe entlang wiederholt wurde. Sie schwangen sich – „ *Trupps los!* " Und der Todesmarsch hatte begonnen.

Keine Band spielte, keine Fahnen wehten, keine Angehörigen und Freunde bewunderten und jubelten – einfach weiter durch die grausige Nacht – und ich konnte den Herzschlag dieser zwölfhundertfünfzig tapferen Männer hinter mir so deutlich spüren, wie ich das gedämpfte Geräusch ihrer genagelten Schuhe hören konnte. Denn ich liebte dieses Bataillon. Es war der Stolz meines Lebens. Und es gab keinen einzigen unter all diesen Hunderten von großen, schwarzen Helden, der nicht für seinen Major durch die *Hölle gegangen wäre* . Und niemand wusste das besser als ich.

Weiter, weiter, bumm, bumm, bumm, die vertraute Straße hinauf, unter den großen kahlen Bäumen hindurch, vorbei an verlassenen, von Granaten gezeichneten Häusern und feuchten, grabähnlichen Ruinen, die einst ein glückliches Zuhause gewesen waren. Dann waren wir am Stadtrand. Auf der linken Seite waren der Torbogen, das große Eisentor und das zerstörte Haus, unter dem sich die Unterstände des Bataillonskrankenhauses befanden. Bald kamen wir rechts am Bataillonsfriedhof vorbei, dessen Reihen von Hügeln und Holzkreuzen kaum zu erkennen waren.

Und seltsamerweise musste ich in einer solchen Situation an eine sehr dunkle Nacht denken, viel dunkler als diese, mit Leuchtkugeln und Leuchtgranaten und bunten Raketen, die das nicht weit entfernte Niemandsland erhellten, und an das Blitzen und Dröhnen großer Kanonen und kreischender Granaten, als wir unseren ersten Mann dort begruben, der in der Nacht getötet worden war, als wir zum ersten Mal in den Sektor einmarschierten. Und ich erinnerte mich daran, wie hilflos und klein er wirkte, als sie ihn sanft in sein flaches Grab legten, und dann, als wir uns näher beugten, um das kurze grelle Licht einer Taschenlampe zu verbergen, wie *stolz* er aussah, mit einem großen Loch in der Brust, das von einem fliegenden Stück gezackten Stahls gerissen worden war, und nur einer Decke als Sarg und dem Ausdruck des Friedens auf dem jungen schwarzen Gesicht, denn er war an seinem Posten hängen geblieben und gestorben. Und dann, als das kleine, schlammige Grab gefüllt war, wie erbärmlich und einsam er wirkte, als wir ihn der Dunkelheit in diesem blutgetränkten fremden Boden überließen – so weit weg von seinen Lieben und seinem Zuhause.

Wie Tausende in diesem höllischen Krieg hatte er das höchste Opfer gebracht und bedingungslos sein Leben gegeben, um andere zu retten. Er war ein wahrer amerikanischer Soldat. Ich hoffe, dass noch immer Blumen auf seinem Grab liegen.

Ich konnte den Hügel am Ende sehen, als wir vorbeikamen, denn schon brach eine schwache, kalte Helligkeit durch den Nebel. Wir marschierten weiter, immer weiter die Straße hinauf, durch das Labyrinth grabähnlicher Schützengräben, bis wir schließlich das breite Labyrinth unseres vordersten Stacheldrahtzauns erreichten. Neue Wege oder Öffnungen waren gerade gebahnt worden und Männer des Bataillons-Aufklärungszuges warteten darauf, uns hindurchzuführen.

Im Nebel konnte man immer noch nicht mehr als 25 oder 30 Meter weit sehen, also führte ich die Kolonne mit dem Kompass in der Hand durch das Niemandsland, wie ein Kapitän ein Schiff steuert, zwischen Granattrichtern, durch kleine Schluchten, Büsche mit struppigem Gestrüpp und Flecken mit abgestorbenem Unkraut, und als wir uns dem feindlichen Stacheldraht näherten und ihn durchquerten, vorbei an grässlichen, stinkenden Objekten, die uns am deutlichsten an die Versuche unserer Vorgänger erinnerten, das zu tun, was wir tun mussten. Als ich sah, wie der Kopf eines dieser Gefallenen abfiel, als ein Mann den Stacheldraht, über dem er hing, schüttelte, dachte ich auch, dass mein eigener Kadaver oder die Kadaver eines Königs oder sogar einer Königin oder einer wohlhabenden Persönlichkeit nicht besser aussehen würden, wenn er etwa zwei Monate lang mit diesen schrecklichen Objekten, die einst brave junge amerikanische Soldaten gewesen waren, im Freien gelegen oder gehangen hätte. (Während wir den Sektor besetzten, hatten Patrouillen eine Reihe dieser Leichen hereingebracht und wir hatten sie begraben.)

An der Stelle, an der wir es überquert hatten, war es fast eine Meile Niemandsland, denn wir bewegten uns auf dem tiefsten Gelände, weil der Nebel dort dichter war. Doch schließlich erreichten wir den Zaun vor der feindlichen Außenstellung namens Belle Aire Farm, auf Französisch „Ferme de Belle Aire". Dies war mehrere hundert Meter vor Bois Frehaut , der Hauptstellung, die höheres und ansteigendes Gelände einnahm. Ein Teil des Bataillons unter Führung von Captain Green von der Kompanie „H", die auf der rechten Seite führen sollte, bewegte sich nach Osten, um seine Positionen für den Angriff einzunehmen. Der Rest durchbrach den Belle-Aire-Zaun, wobei eine Abteilung an der Flanke zu den *Bajonett*-Maschinengewehrschützen vordrang, denn zu diesem Zeitpunkt arbeiteten wir leise und schnell und nutzten den nun schnell dünner werdenden Nebel aus. Das Ganze hatten wir geplant, um dem Feind zuvorzukommen und Verluste so weit wie möglich zu vermeiden, denn Tote und Verwundete können solche Stellungen nicht einnehmen und halten.

An diesem Punkt sah ich, wie zwei meiner Männer durch Maschinengewehrfeuer niedergestreckt wurden, die ersten, die bei dieser

Angelegenheit fielen, und während wir uns dicht an den Boden drängten und darauf warteten, dass unsere Flankentruppe diese Maschinengewehrschützen belohnte, hätte ich eine ziemlich lange Geschichte zum Thema Militarismus und Krieg im Allgemeinen diktieren können, wenn es jemanden gegeben hätte, der sie aufzeichnen konnte. Ich fragte mich, wie viele Kriege es geben würde und wie lange sie dauern würden, wenn die Leute, die von ihnen profitieren oder hoffen, davon zu profitieren, dort oben bei uns sein müssten. Ich war, wie gewöhnlich, in übler Stimmung, wenn ich an fast jede Phase des Krieges dachte, außer an die glorreichen Männer, die persönlich der *wirklichen* Gefahr ausgesetzt waren und die eigentlichen Kämpfe ausfochten. Ich bezweifle, dass diese Geschichte, wie ich sie damals diktiert hätte, bei Leuten sehr beliebt gewesen wäre, die nicht ehrlich und tatsächlich im Krieg oder wegen des Krieges gelitten haben, oder bei denen, die glauben, an Militarismus und Krieg zu glauben.

Wir wurden nicht lange aufgehalten. Dann, mit Belle Aire Farm hinter uns, marschierten wir schnell auf und nahmen unsere Aufstellung in Zug- und Halbzugkolonnen ein, die etwa hundert Meter vom Stacheldraht der Hauptposition entfernt lagen. Das gesamte Kommando ging in Granattrichtern, in Vertiefungen, hinter Hügeln oder Büscheln abgestorbenen Unkrauts in Deckung, bereit, im richtigen Moment mit aller Macht vorzurücken. Ich hatte Zeit, mich zu vergewissern, dass alles wie geplant bereit war, und ins Zentrum zurückzukehren. Der Nebel hatte sich gelichtet, und feindliche Maschinengewehrschützen am Waldrand, insbesondere diejenigen mit Nestern in Bäumen, feuerten rücksichtslos um sich.

Pünktlich um sechs Uhr fünfundfünfzig (alle Wachen waren synchronisiert) begannen unsere großen Kanonen, Meilen hinter uns, fast gleichzeitig zu bellen und zu dröhnen. Dann kamen die Granaten, zuerst ein leises, stöhnendes Brüllen, dessen Ton in der Höhe anstieg wie eine langsam betriebene Dampfsirene, dann immer lauter und schriller wurde, bis es wie ein gewaltiger Tornado wirkte, der direkt auf uns zukam. Der Lärm war so gewaltig und so plötzlich, dass er fast unerträglich war. Dann begannen sie überall zu explodieren, die meisten direkt vor uns. Worte reichen nicht aus, um diese schreckliche Katastrophe zu beschreiben, wie sie sich für uns anfühlte und vorkam.

Wir hatten damit gerechnet, dass der Feind sein Sperrfeuer zuerst vor der Belle Aire Farm abwerfen würde. Deshalb waren wir so hastig durch diese Stellung gekommen, und es war ein Glück, dass wir so weit vorgerückt waren, auch auf die Gefahr hin, unserem eigenen Sperrfeuer zu nahe zu kommen, denn fast sofort begannen hinter uns Staub und Steine herumzufliegen – nicht vor dem Belle Aire-Draht, sondern direkt auf der Stellung selbst. Jemand hatte telefoniert. Wir waren unserem eigenen

Sperrfeuer zu nahe, aber ich wusste, dass es in wenigen Minuten vorrücken würde, und das feindliche Sperrfeuer war viel zu dicht hinter uns. Man kann von zwei Feuern sprechen. Ein Feuervorhang unserer eigenen Artillerie direkt vor uns und eine Wand aus intensivstem und konzentriertem Feuer der Batterien, die Metz bewachten, direkt hinter uns, die Granaten flogen nicht weit über unseren Köpfen aneinander vorbei. Einige von jeder Seite verfehlten ihr Ziel.

Getötet oder bewusstlos zu werden ist leicht, aber eine solche Situation im Freien durchleben zu müssen, ist unbeschreiblich. Unsere Überlebens- und Erfolgschancen standen auf dem Spiel, die Spannung war unerträglich. Das feindliche Sperrfeuer würde bald vor dem Hauptdrahtzaun niedergehen – genau dort, wo wir waren. Es konnte jede Sekunde niedergehen. Ich beschloss, dass wir, wenn er es niederließ, lieber in unser eigenes Sperrfeuer stürmen würden, als dort zu bleiben, wo wir waren, denn so viele von uns wie möglich mussten durch diesen Draht hindurch.

Ich schaute ständig auf meine Uhr, bereit, das Signal zu geben, das entlang unserer Linie weitergeleitet werden würde. Es war sechs Uhr achtundfünfzig, dann schließlich sechs Uhr achtundfünfzigeinhalb, und schließlich war es sechs Uhr neunundfünfzig. Wenn das feindliche Sperrfeuer dann nachließe, wären unsere Verluste enorm und unsere Erfolgschancen fast dahin. Es war schon schlimm genug. Das war die längste Minute, die ich je verbracht habe.

Pünktlich um sieben, wie geplant, ging unser Sperrfeuer los , und innerhalb weniger Sekunden fielen praktisch alle unsere Granaten hinter den Stacheldraht. Jetzt mussten wir durchkommen, und zwar schnell, wenn überhaupt. Überall an der Front machten sich unsere Jungs auf die Suche nach diesen Stacheldrahtverhauen. So ein Stacheldraht! Er war vor kurzem repariert und verstärkt worden. Der Stacheldraht bestand größtenteils aus dem schweren neuen deutschen Typ mit Widerhaken, die 3,8 cm lang und weniger als 2,5 cm voneinander entfernt waren. Um ihn zu durchschneiden, brauchte man schwere Zweihandzangen mit 75 cm langen Griffen. Kleine Zangen waren zum Schneiden hier nutzlos. Die breiten Gurte waren nicht nur kreuz und quer auf Pfählen und französischen Reitern gespannt , sondern auf jede erdenkliche Weise bis zu einem Männerkopf zwischen den Bäumen verwoben .

Es gab Gruben und Gräben mit losem Draht und in Rollen, die mit Ästen und Blättern bedeckt waren, damit die Männer hineinfallen konnten. Wir hatten keine Panzer. Sie zündeten Minen, von denen viele Löcher mit einem Durchmesser von 18 bis 21 Metern sprengten. Granaten und Bomben hingen so an Ästen und im Gestrüpp, dass sie explodierten, wenn man auf einen bestimmten Stock oder Draht trat oder ihn berührte. Maschinengewehre waren in unterschiedlichen Abständen im Wald platziert, einige auf kleinen getarnten Plattformen in Bäumen, einige in Gräben und einige in „Pillenkästen" aus Zement, die so platziert waren, dass sie jeden Abschnitt des Drahtes absuchen und unter Beschuss nehmen konnten.

Sowohl hochrangige Offiziere aus dem Hinterland als auch niederrangige, die nach dem Waffenstillstand herbeiströmten, um den Ort zu besichtigen, waren von der Stärke der Stellung überrascht, und als sie sie aus der Nähe sahen, war die vorherrschende Frage: „Wie sind sie nur durchgekommen?" Und sie sahen sie nur von der Außengrenze, denn niemand durfte den Wald betreten. Er war tagelang mit Gas gesättigt.

Der gesamte Bois Frehaut , was so viel wie Frehaut -Wälder bedeutet, war alle paar hundert Meter vor den Schützengräben und Maschinengewehren verkabelt. Es gab tiefe Felsschluchten, steile Hügel, große Flächen mit dichtem Unterholz voller Drähte, Fallen, Minen und Fallgruben aller Art, außerdem prächtige Unterstände und ein äußerst vollständiges System von Telefon- und Signalleitungen.

Die Züge und Halbzüge marschierten in einer Reihe durch, wobei die starken Männer vorne abwechselnd den Draht durchschnitten und die hinteren die losen Enden mit den kleinen Zangen so gut wie möglich umbogen oder sicherten. Zwischen den Abteilungen bestand ein Abstand von 150 bis 200 Metern. Nachdem sie den Wald betreten hatten, war es ihnen unmöglich, einander zu sehen, so dass jede Abteilung praktisch ein unabhängiges Kommando war, bis sie ihre Ziele erreicht hatten.

Praktisch jeder hatte die ersten oder äußeren Verwicklungen durchbrochen, als der Feind sein Sperrfeuer direkt auf uns richtete. Die ersten Männer, die durchkamen, gingen auf die Maschinengewehre und Scharfschützen los, die ihnen am meisten zu schaffen machten, krochen hinter ihnen her oder flankierten sie, benutzten Handgranaten und Bajonette, feuerten mit automatischen Gewehren und schossen auf die in den Bäumen sitzenden Männer. Da wir durch das erste Stacheldrahtsystem waren, konnten wir uns etwas zerstreuen und Granatlöcher, Schützengräben und sogar Höhlen ausnutzen.

Aber wie irgendjemand dieses Feuer überlebte, ist mir immer noch ein Rätsel. Die feindliche Artillerie hatte per Telefon oder Flugzeug, wahrscheinlich beides, erfahren, dass wir im Wald waren, und hatte beschlossen, uns genau dort zu vernichten. Steine, Schmutz, Granatsplitter, Äste und ganze Bäume erfüllten die Luft. Allein der Lärm und die Erschütterung reichten aus, um jemanden zu töten. Man kann von einem Granatenschock sprechen. Die Erde schwankte und bebte und hüpfte förmlich bei dem schrecklichen Aufprall. Feuerblitze, das metallische Knallen von Sprengstoff, die schrecklichen Explosionen, die Löcher von fünf bis sechs Metern Durchmesser gruben, das völlige Chaos und der Gestank der Hölle, deine

Freunde wurden in Stücke gerissen, die Stücke fielen in der Nähe herunter –
trafen dich sogar. Wenn es irgendetwas auf dieser Welt gibt, das schrecklicher
und nervenaufreibender ist als ein konzentriertes Feuer von solchen
Schwergewichten, dann kann ich es mir nicht vorstellen. Es ist um ein
Vielfaches schlimmer als das Schlimmste, was man sich vorstellen kann. Es
kann nicht beschrieben werden, weil es nichts gibt, was man erlebt hat, außer
der Sache selbst, mit dem man es vergleichen könnte.

Metz wurde von vielen Kanonen verteidigt, und es war eine Konzentration
schweren Kaliberfeuers – wir waren die einzigen, die gerade vorrückten.
Nach einer gefühlten Ewigkeit senkte er das Feuer noch weiter, bis unser
Sperrfeuer vor uns niederging, dann kroch es langsam über uns hinweg zum
Belle-Aire-Draht. Bei diesem Durchkämmen ging es mehrere Male über uns
hinweg, eher auf uns zu, bevor wir unser Ziel erreichten. Andere Batterien
beschossen unsere hinteren Gebiete und noch andere beschossen uns
wahllos.

Aber die Jungs machten weiter, nutzten manchmal jede verfügbare Deckung,
machten aber weiter, brachten noch aktive Maschinengewehre zum
Schweigen, bombardierten Unterstände und erstachen oder erschossen alle
Feinde, die zu lange verweilt hatten. Nur durch besondere Anstrengung
gelang es mir, drei lebende Hunnen zu retten.

Um neun Uhr fünfunddreißig waren alle Züge der ersten Linie bis auf zwei
an der Linie unserer Ziele vertreten. Wie vereinbart erreichte mich diese
Nachricht durch Boten. Die beiden Einheiten waren durch
Maschinengewehrstellungen aufgehalten worden, kamen aber bald heran.
Um zehn Uhr war die Verbindung vollständig hergestellt, Kampfgruppen
waren lokalisiert und gruben sich ein, Maschinengewehre und Grabenmörser
wurden aufgestellt und auch sonst bereiteten wir uns darauf vor,
Gegenangriffen und Artilleriefeuer standzuhalten, das, wenn wir
standhielten, bald noch mehr Gas beinhalten würde. Ich hatte zwei Züge der
Unterstützungskompanie geschickt, um unsere rechte Flanke zu schützen,
die den östlichen Rand des Waldes bildete.

Also schrieb ich eine Nachricht und steckte sie in die kleine Aluminiumhülle
am Bein einer Taube. Der Mann ließ sie los und wir sahen zu, wie sie aufstieg
und kreiste, dann Richtung Süden flog und dem kommandierenden General
im Divisionshauptquartier in Marbache die Nachricht überbrachte , dass
Bois Frehaut uns gehörte – alle Ziele erreicht, wir hielten und würden sie
auch weiterhin halten.

Dann nahm ich meinen Stab, die Artillerieverbindungsoffiziere und meine
Läufer und ging zurück zu einem vorher vereinbarten Ort am Waldrand und
richtete mein ständiges Hauptquartier oder PC in einem offenen
Granattrichter ein. Ein paar Männer machten sich mit Spaten und

Spitzhacken an die Arbeit, um es in Form zu bringen und ihm eine kleine ebene Bodenfläche zu geben.

Ein Bosch-Flugzeug erschien im Tiefflug über dem Waldrand und sah uns. Es kreiste ein paar Mal und sendete ein paar Signale aus. Nach nur vier Minuten hörten wir nach meiner Uhr zwei große Granaten, eine direkt hinter der anderen, direkt auf uns zufliegen. Nach ein paar Monaten Erfahrung kann man am Geräusch ungefähr sagen, wo eine Granate einschlagen wird. Eine davon schlug 25 Meter hinter uns ein, die andere fast im gleichen Abstand links von uns. Nach weniger als einer Minute hörten wir zwei weitere, die dieselbe Route nahmen. Eine schlug 20 Meter vor uns ein, die andere nicht ganz so nahe, aber etwas rechts. Sie hatten die Reichweite. Die Kanonen waren fünfeinhalb bis sechs Meilen entfernt.

Nachdem der sechste Schuss knapp danebengegangen war , befahl ich allen, das Loch zu verlassen. Sie besetzten andere in kurzer Entfernung. Das Flugzeug, das so niedrig war, dass die Männer mit ihren Gewehren darauf schossen, bemerkte diese Zerstreuung, aber es bemerkte offensichtlich auch, dass ich geblieben war, also wurde weiter geschossen. Ich war irgendwie stolz darauf, in meinem Hauptquartier geblieben zu sein. Die sechsunddreißigste Granate, die darauf abgefeuert wurde, traf genau am Rand und deckte mich zu. Oh ja, ich bekam tatkräftige Hilfe, um herauszukommen. Wir säuberten das Loch und nahmen unsere Arbeit wieder auf. Nachdem das Flugzeug nun „einen Treffer" gemeldet hatte und weg war, war es so sicher wie jeder andere Ort in dieser Gegend.

Die Leute sagten, es käme einem Wunder gleich, dass trotz der vielen Granaten, die auf das Land abgefeuert worden waren und von allen Seiten in einem so kleinen Gebiet einschlugen, keine einzige direkt in das große Loch einschlug. Aber ich war nicht eingebildet genug, um zu glauben, dass die Hunnen Granaten abfeuerten, die wie durch Zauberhand zu meinem Vorteil gebogen waren. Während des „Todesmarsches" kurz vor Tagesanbruch hatte ich geschätzt, dass meine Chance, diese Operation lebend zu überstehen, eins zu drei war und dass ich ernsthaften Verletzungen oder Vergasungen entgehen würde, eins zu zwölf. Ich glaubte zwar an Gott, aber ich glaubte damals nicht und glaube auch heute nicht, dass Er dort unten aktiv an dieser schrecklichen Orgie des Leidens und der Zerstörung teilnahm. Ich hatte das Gefühl, dass, wenn irgendetwas anderes als eitle Menschlichkeit auf oder mit einer der beiden Seiten kämpfte, es Seine satanische Majestät sein musste. Ich versuchte nicht, Gott die Dinge aufzudrängen, die dem Kaiser gehören. Aber – nun, das erfordert eine weitere Lektion. Aber kommt bloß nicht auf die Idee, dass ich versuche, die wahre Religion herabzuwürdigen. Ich glaube, sie ist bei weitem das Größte, was es auf der Welt gibt oder was der Welt heute zugänglich ist.

Dieser kleine Exkurs über etwas anderes als die Schlacht ist, nehme ich an, das Ergebnis einer Angewohnheit, die ich mir während meiner Zeit an der Front zugelegt habe: Wenn die Lage ungewöhnlich gefährlich war und man nichts anderes tun konnte, als die Dinge vorerst wirken zu lassen, dachte ich an etwas Angenehmes, das überhaupt nichts mit der unangenehmen Angelegenheit zu tun hatte, die ich gerade vor mir hatte.

Ich erinnere mich, wie Lieutenant Stuart, mein Bataillonsaufklärungsoffizier (er war Halbindianer), nach der Besprechung der Einzelheiten einer Patrouillenexpedition, die er in wenigen Minuten leiten sollte – und es gehörte eine Menge Mut dazu, mitten in der Nacht durch das Niemandsland zu streifen – innehielt und mir dann mit einem breiten Lächeln und ein wenig Kichern eine belanglose Geschichte erzählte, meist über etwas, das passiert war, als er noch ein kleines Kind war, weit weg in Arizona. Dann stand er, immer noch grinsend und kichernd, auf und sagte: „Also, Major, es ist Zeit, aufzubrechen. Die Jungs warten. Wir sehen uns, sobald ich zurück bin." Ich war mir nie ganz sicher, ob er zurückkommen würde.

Auch mein Adjutant erzählte, wenn wir nachts auf etwas Schreckliches warteten, einen Angriff erwarteten, Granaten wahllos einschlugen und vielleicht ein Bomber über uns hinwegsauste, die verrücktesten Geschichten über seine Erlebnisse als Soldat auf Hawaii oder den Philippinen oder sonst wo. Ich nehme an, dass alle Männer, die wirklicher Gefahr ausgesetzt waren, unter fast allen Umständen eine Möglichkeit hatten, sich selbst zu „täuschen". Wenn sie das nicht konnten, ging es ihnen schlecht.

Kurz nachdem ich aus dem Granattrichter gerettet worden war, stolperte ein Läufer der rechten Frontkompanie (übrigens war er in Divisionsbefehlen zu sehen und hätte für die Art, wie er zu mir kam, eine Medaille verdient) erschöpft hereingestolpert, mit einer Nachricht von Green (der unter Maschinengewehrfeuer auf einen Baum geklettert war, um eine bessere Sicht zu haben), in der er mich darüber informierte, dass der Feind sich mit aller Macht darauf vorbereitete, unsere rechte Flanke anzugreifen. Zwei Züge, einer von der Unterstützung, der andere von der Reservekompanie, und meine beiden verbleibenden Reservemaschinengewehre hatten kaum Zeit, die Stelle zu erreichen, zu der sie beordert worden waren, als der Angriff begann. Indem sie unsere potenziellen Flankenkämpfer flankierten, als sie über einen Bergkamm kamen, retteten sie die Lage. Mehrere Angriffe auf unsere Front scheiterten aufgrund gezielten Feuers.

Und trotzdem ging der Beschuss ohne Pause weiter. Mir kam es so vor, als ob fast alle großen Geschütze auf dieser Seite von Metz auf Bois Frehaut und das alte Niemandsland direkt dahinter feuerten. Und später erfuhr ich, dass das auch so war, denn wir waren die einzigen, die ein besonderes Gebiet eingenommen hatten und hielten. Sie hatten schon seit einiger Zeit mit einem

Angriff auf Metz gerechnet, und besonders ihre Artillerie war gut vorbereitet. Granatsplitter und hochexplosive Kontaktgranaten aller Größen fielen in alle Teile des Gebiets. Sie wussten mehr über den Waffenstillstand als wir, und seine Artillerie schien so viel Schaden wie möglich anrichten zu wollen, solange der Krieg dauerte. Kurz vor Einbruch der Dunkelheit des 10. begann er, große Mengen Gas abzuwerfen, und mischte es die ganze Nacht lang unter. Sie schienen entschlossen, uns zu vertreiben oder auszulöschen.

Achtundzwanzig lange Stunden lang rückten wir vor und *hielten* einem Bombardement stand, das meiner Meinung nach nicht übertroffen worden wäre, wenn es in einem ähnlichen Gebiet, das von amerikanischen Truppen über einen ähnlichen Zeitraum gehalten wurde, nicht erreicht worden wäre. Der Feind hatte den Alliierten einige Zeit zuvor erlaubt, so nahe an Metz heranzukommen, wie er es beabsichtigt hatte – das war der äußere Stacheldrahtzaun von Bois Frehaut . Wir griffen nach stundenlanger Artillerievorbereitung nicht mit großer Streitmacht an, sondern mit fast unzähligen schweren Geschützen, die uns unterstützten, obwohl die Artillerie, die hinter uns im Einsatz war, hervorragende Arbeit leistete. Ebenso wenig führte der Feind ein Nachhutgefecht , während seine Hauptstreitkräfte einen hastigen Rückzug antraten.

Am 10. erhielt ich um 22 Uhr in der Nacht eine Kopie eines Befehls, aus dem hervorging, dass ein Bataillon im Laufe der Nacht in den westlichen Teil des Waldes eindringen und um 5 Uhr des nächsten Morgens durch meine linke Frontkompanie „G" auf den Feind vorrücken sollte. Ich lächelte in meiner Gasmaske, denn ich hatte die Bemühungen eines bestimmten Bataillons beobachtet, das am Nachmittag mit Unterstützung eines anderen Bataillons in den Wald vorzudringen versuchte. Sie kamen bis zur Ferme de Belle Aire – ein Teil von ihnen – und zogen sich bei Einbruch der Dunkelheit zurück. Am 11. gelangte das „angreifende" Bataillon in aller Frühe hinter den äußeren Zaun von Bois Frehaut . Um 5 Uhr hatten sich zwei Offiziere und eine Handvoll Männer bis zum Hauptquartier eines bestimmten Zuges der Kompanie „G" vorgearbeitet. Unser Sperrfeuer begann pünktlich. Die beiden Offiziere, gefolgt von der Handvoll Männer, rückten hinter unsere Frontlinie vor und sahen sich um. Einer der Offiziere wurde sofort verwundet und – nun ja, es kam zu keinem Angriff.

Während dieser ganzen 28 Stunden versuchten Signaleinheiten des Divisionshauptquartiers, eine Telefonleitung zu meinem PC herzustellen. Aber entweder war das Kabel immer durchgebrannt oder die Männer waren kaputt, und ich hatte bis nach dem Waffenstillstand kein Telefon. Es war für die Boten fast unmöglich, zwischen mich und unsere alten Frontlinien hinter uns zu gelangen, und für meine Boten war es noch schwieriger, zwischen mich und meine eigenen Kompanie- und Zugführer im Wald zu gelangen. Aber sie haben es geschafft.

Den ganzen Tag, die ganze Nacht und bis elf Uhr am nächsten Morgen dauerte es. Um Mitternacht stank der ganze Wald förmlich nach Gas. Niemand traute sich deswegen zu essen oder zu trinken. Trotz all unserer Vorsichtsmaßnahmen und Bemühungen wurden wir schnell ausgelöscht. Ich habe von Offizieren und Männern und Einheiten gehört – großen und kleinen, weißen und auch farbigen –, die in Panik gerieten und unter einem Feuer nutzlos wurden, das im Vergleich dazu sowohl in Intensität als auch Dauer schwach und leicht war, aber ich bin jederzeit bereit zu bezeugen, dass zwölfhundertfünfzig Offiziere und Männer (farbig) *vorrückten* und dass das Kommando standhielt, *ohne die geringsten Anzeichen von Panik oder Rückzug zu zeigen* .

Alle von Ihnen, die vor dem 23. September 1918 beim 365. Infanterieregiment waren, kennen Colonel Vernon A. Caldwell von West Point und der regulären Armee. Er organisierte und kommandierte das Regiment, bis er zum Brigadegeneral ernannt wurde und uns am genannten Datum verließ. Ihm schreibe ich einen Großteil des Verdienstes für unseren Erfolg bei der Einnahme und Verteidigung von Bois Frehaut zu. Er hatte uns „einfache und direkte Mittel und Methoden" beigebracht und uns beigebracht, „taktisch zu denken", und zwar auf eine Weise, die sich in der Härteprüfung als unschätzbar wertvoll erwies. Denn Colonel Caldwell war einer unserer Berufsoffiziere, der sich nicht als „Disziplinarmeister" ausgeben musste, um durchzukommen.

Vielleicht möchten Sie mehr über diese Aktion aus taktischer Sicht erfahren und wie es dazu kam, dass viele von uns ohne bleibende Verletzungen überlebten. Das ist sehr interessant. Ich wünschte, ich könnte es im Detail erklären. Für mich ist es interessanter aus der Sicht des Mutes, der Effizienz und der unerschütterlichen Pflichterfüllung, die sowohl Offiziere als auch Soldaten an den Tag legten. Es war ein angemessener Höhepunkt einer beneidenswerten Bataillonsbilanz im Frontdienst und eine Leistung, die der amerikanischen Armee und ihren farbigen Soldaten höchste Anerkennung zollt.

Ich wünschte, ich hätte Zeit, Ihnen von den vielen besonders glorreichen Heldentaten zu erzählen, die von Offizieren und Soldaten vollbracht wurden. Ich verwende das Wort *glorreich* , denn für mich ist selbst das ein schwaches Wort, um die heroischen Taten eines Mannes zu beschreiben, dem seine persönliche Sicherheit völlig und bewusst gleichgültig ist und der nur seiner Pflicht und dem Wunsch nachkommt, anderen zu helfen und sie zu retten. Und für mich ist das auch das Einzige am Krieg, das auch nur annähernd *glorreich* ist, es sei denn, es ist die Tapferkeit derer, die in der Schwebe zu Hause zurückbleiben und selbstlos alles in ihrer Macht Stehende tun, um zu helfen .

Wenn sie sie doch bloß sofort töten würden, anstatt sie leiden und qualvoll sterben zu lassen, vielleicht Stunden (oder sogar Monate) später. Sie leiden zu sehen und machtlos zu sein, ihnen zu helfen, und zu wissen, dass viele gerettet werden könnten, wenn es möglich wäre, das Gemetzel lange genug zu stoppen, um ihnen angemessene medizinische Versorgung zukommen zu lassen. Viele Männer starben in Bois Frehaut oder danach, die hätten gerettet werden können, wenn man sie nicht umgehend und angemessen hätte versorgen können. Was für ein höllisches Spiel, das die *christlichen* Nationen im 20. Jahrhundert n. Chr. spielten und sich darauf vorbereiteten, es erneut zu spielen.

Eine kleine Szene ist mir in Erinnerung geblieben – der Tod eines „E"-Kompanie-Läufers. Am späten Nachmittag des 10. verließ ich meinen PC, um mir eine bestimmte Position anzusehen. Ich war nur eine kurze Strecke gegangen, als ich auf etwas trat, das meine Aufmerksamkeit erregte. Es war eine menschliche Hand! In der Nähe befand sich ein großer Blutfleck und eine Spur, als ob etwas in die allgemeine Richtung geschleift worden wäre, wo sich unsere Erste-Hilfe-Station befunden hatte, bevor sie in die Luft gesprengt wurde. Mein Weg führte ein wenig nach rechts, aber ich folgte den grausigen Spuren etwa fünfzig Meter weit und dort lag zusammengekauert in einer kleinen Schlucht der „E"-Kompanie-Läufer, den ich etwa zwei Stunden zuvor mit einer Nachricht für Captain Sanders losgeschickt hatte.

Nicht nur war sein rechter Arm am Ellbogen abgetrennt, auch seine rechte Seite und sein rechtes Bein waren schwer verstümmelt. Ich dachte, er wäre tot, aber ich beugte mich vor und legte meine Hand auf seine Stirn. Seine Augen öffneten sich. In ihnen lag ein wehmütiger, abwesender Blick. Ich sprach, und mit offensichtlicher Anstrengung konnte er sie fokussieren, sie leuchteten auf, als er mich erkannte, und sofort, fast zu meinem Verhängnis, richtete sich sein Körper auf! Seine rechte Schulter und der Stumpf eines Arms zuckten! Völlig hilflos, zitternd am Rande der Ewigkeit, hatte er „Achtung" eingenommen und seinen Major *gegrüßt* !

Dann bemerkte ich, dass er sich erbärmlich bemühte zu sprechen, und irgendwie, ich kann nicht genau erklären wie, hatte ich den Eindruck, dass er etwas in seiner Tasche hatte, das er sehen wollte. Ich holte eine Brieftasche heraus und fand, was er meiner Meinung nach wollte. Es war ein Postkartenfoto eines hübschen farbigen Mädchens, das ein dunkles, lächelndes Baby in den Armen hielt. Granaten kreischten über uns. In diesem Moment riss eine die Erde in der Nähe auf und besprenkelte uns mit Dreck. Ich stützte seinen Kopf auf mein Knie und hielt ihm das Bild dicht vor die Augen. Ein stolzer, zufriedener Ausdruck trat in seine Augen, dann ein ruhiges, müdes Lächeln. Er schien immer weiter weg zu blicken. Ein weiterer gewaltiger, hüpfender Schlag und die blutige, schlammverschmierte Gestalt entspannte sich. Ein weiterer tapferer Kamerad war „nach Westen gegangen".

Ein Stückchen weiter sah ich einen großen Soldaten, der an einem zersplitterten Baumstamm lehnte, seine Eingeweide hingen heraus. Sonst war niemand in der Nähe . Er schien im Delirium zu sein und schrie jämmerlich wie ein kleines Kind nach „Mama". Als er mich sah , starrte er mich einen Augenblick an, sprang dann auf und schrie: „Major Ross ist bei uns! Los, Jungs!" und fiel tot um. Dann dachte ich an alles, was ich gehört hatte, wonach man Soldaten – besonders farbige – wie Hunde behandeln muss, um Disziplin zu erlangen und Respekt zu erlangen. Ich dankte Gott, dass ich das nicht musste.

Ich könnte Ihnen erzählen, wie ich an jenem Morgen während des Vormarsches zufällig einen Unteroffizier, einen Gruppenführer, ein Stückchen links von mir ansah, als es direkt über und vor ihm ein böses Knallen und einen blendenden Blitz gab, und wie ich sah, wie sein kopfloser Körper – aus dem Blut strömte – tatsächlich einen Schritt nach vorne machte und gegen einen Felsen stürzte. Ich könnte Ihnen von starken Männern erzählen, die in diesem schrecklichen Durcheinander völlig verrückt wurden (und immer noch verrückt waren, als ich das letzte Mal davon hörte). Ich könnte stundenlang von schrecklichen Dingen in Bois Frehaut erzählen – ganz zu schweigen von früheren Erfahrungen an anderen Orten – die Tage waren schlimm, aber die Nächte waren lang und unheimlich. Sie sind zu grausam, zu widerwärtig, um lange darüber zu reden, selbst hier, wo wir alle sicher, ausgeruht und gesund sind. Kein Wunder, dass die Männer, die tatsächlich persönlich solches Leid ertragen mussten, nicht viel darüber reden. Aber die Erinnerung an diese schrecklichen Dinge, so sehr sie es auch abtun, hat sich tief in ihre Seelen eingebrannt und wird sie manchmal bis zu ihrem Todestag verfolgen.

Es gab Leute in Amerika und auch in Frankreich, die Offiziersuniformen trugen und die beste Zeit ihres Lebens hatten, und es gab einige, die, wenn es Gerechtigkeit gibt, während und nach dem Krieg ganz sicher für ihre lächerliche Arroganz bezahlen werden. Der Militarismus ist eine der widerwärtigen Institutionen, für deren Beseitigung ich gekämpft habe. Ja, er wird beseitigt – und verhindert. Auf den ersten Blick sieht es in den meisten Ländern so aus wie vorher. Die gleiche alte Bande hat die Kontrolle, aber sie lügt und verbündet sich, drängt und intrigiert ein bisschen mehr, als es bisher nötig war. Seit der Weltkrieg (das Ergebnis weltlichen Erfolgs und Geldanbetung) 1914 begann, sind Dinge geschehen. Zum Beispiel die Beschleunigung der Veränderung des Status der Frau. Das Wahlrecht ist lediglich ein Ergebnis dieser Veränderung. Allein diese Phase und das, was damit einhergeht – der neue Stand der Sexualität – macht eine Veränderung der menschlichen Sichtweise *erforderlich* und wird dazu beitragen.

Ob es bestimmten Personen und Personengruppen gefällt oder nicht, die Demokratie ist auf der Welt, um zu bleiben, und ihr Bestand wird zunehmen und gedeihen, je mehr die Menschen lernen. Eine Rückkehr der Massen zu Unwissenheit, Feudalismus und Sklaverei ist undenkbar – unmöglich. Ist der allmächtige Gott ein menschlicher Narr? Ist die Menschheit jemals mit der Annahme durchgekommen oder wird sie jemals davonkommen, dass er es sei? Denken Sie an die schönen jungen Opfer, die ich erwähnte, die im Stacheldraht vor der Belle Aire Farm lagen und daran hingen.

Wichtiger als Militarismus und Krieg, als Politik, als die Art, wie man Vermögen erwirbt, oder als alles andere ist das Lernen – nicht nur darüber, sondern *wie man* Rechtschaffenheit, Frieden, Zufriedenheit und wahres Glück erlangt. Ich setze Rechtschaffenheit an erste Stelle, denn ohne sie wird es nichts von dem geben, wonach sich die Menschheit sehnt. Es wird viel Heuchelei geben, aber nicht viel echte Rechtschaffenheit, bis mehr von uns ihren Verstand, ihr Herz und ihre Bestrebungen auf etwas Höheres als Materialismus und Weltlichkeit ausrichten. Man kann nicht *verankern Sie* Gerechtigkeit in den Herzen der Menschheit.

Viele denkende Leute beginnen dies so sehr zu ahnen, dass sie daran interessiert sind, die Wahrheit herauszufinden – das *Heilmittel* . Jetzt rennen Leute herum, andere lauern darauf, Ihnen die „Wahrheit“ zu sagen. Oder sie geben Ihnen eine Broschüre oder verkaufen Ihnen ein Buch oder verweisen Sie auf ein Buch, das von jemandem geschrieben wurde, der große Behauptungen aufstellt oder angibt, er habe „Insiderinformationen“. Daran mag genug Wahrheit sein, um die Gedankenlosen oder Leichtgläubigen zu täuschen, und es kann heimtückisch genug sein, um selbst die Weisen zu beunruhigen. Es gibt einige Bücher, die erstaunliche Behauptungen aufstellen, aber noch keins hat *bisher* materielle Gesetze überwunden. Es gibt zahlreiche Studiengänge und „Systeme“, die nicht behaupten, christlich oder religiös zu sein, die Ihnen im Geschäftsleben helfen, zu Ihrem Erfolg beitragen, Ihre Leiden (einige davon) heilen und Ihrer Gesundheit guttun – und das tut es zweifellos auch.

Es werden fast unzählige Allheilmittel für alle Übel angeboten. Einige dieser Religionsanhänger und Erbauungsprediger mit „Insiderinformationen“ und „besonderen Offenbarungen“ usw. mögen aufrichtig sein, und viele Menschen mögen glauben, was immer es ist. Dasselbe gilt für die Türken und die Kopfjäger von den Südseeinseln.

Doch soweit ich das herausfinden kann, hat auf dieser Erde nur *ein einziger Mann gelebt* , der die Dinge lehrte, die wir wissen müssen und wollen – der selbst absolut danach lebte und der sie über alle Erwartungen hinaus bewies und demonstrierte. Durch ehrliches, sorgfältiges Studium, Experimentieren und Nachdenken werden Sie feststellen, dass diese Dinge und nur diese *praktisch sind* . Dieser Mann wurde in einem Stall geboren, starb am Kreuz und hinterließ einen Besitz, der aus den Kleidern bestand, die er trug. Er ist der Mann, der sagte: „Liebt eure Feinde." „Sammelt Schätze im Himmel." „Mein Reich ist nicht von dieser Welt." „Wenn ihr mich liebt, haltet meine Gebote und Worte." „Wenn jemand nicht von neuem geboren wird...." „An ihren Früchten sollt ihr sie erkennen" usw. usw. Und er ist derjenige, dem die Christenheit zu folgen behauptet.

Glücklicherweise schrieben einige Männer, die ihn persönlich kannten, und andere, die seine Apostel persönlich kannten, über ihn – was er sagte und was er *tat* . Einige dieser Schriften wurden gesammelt und in einem Buch zusammengefasst. Dieses Buch heißt „Das Neue Testament". Bei allem Respekt und aller Rücksichtnahme auf die Motive und Absichten vieler derjenigen, die seitdem geschrieben haben und von denen einige behaupten oder folgern, sie hätten „besondere" oder „Insider-Informationen", schlage ich in aller Bescheidenheit vor, dass der logische, sichere und zuverlässige Ort, an dem jeder von uns etwas über Christus erfahren kann, das Neue Testament ist. Lassen Sie uns herausfinden, ob er wirklich etwas Relevantes und Wertvolles gesagt hat. *jetzt* , ob Er es ernst meinte, ob Er es lebte und bewies, und vor allem, lasst uns daran festhalten, bis wir herausgefunden haben, *was es war und ist* . Die Welt braucht es dringend – braucht es rein und unverdünnt, unverfälscht – muss wissen, was es ist, ohne Zugeständnisse und ohne Vorbehalte. Wenn die Menschen klug genug sind, sich selbst zu regieren (und ich denke, sie sind es und dass sie diese Fähigkeit ständig verbessern), sind sie jetzt endlich klug genug, das Neue Testament selbst selbst und für sich selbst zu studieren. Wie kann irgendein Christ logischerweise Einwände dagegen erheben?

Die einzige Lösung für die Probleme und Schwierigkeiten der Menschheit liegt in einem *richtigen* Verständnis der Lehren Christi – und nicht in irgendeiner Ausrede, die die Eitelkeit kitzelt. Manche Leute meinen, sie wüssten jetzt alles darüber. Heutzutage erweckt kein Mensch mehr Tote oder beruhigt den Sturm, und diese „Besserwisser"-Haltung ist das Ergebnis fleischlicher Eitelkeit – nicht des Wissens. Beginnen wir also mit einer Wiederholung, beginnend in der Grundschule oder im Kindergarten. Viele scheinen in den Aufbaustudiengängen oder zumindest in der Abschlussklasse damit begonnen zu haben. Ich habe den Verdacht, dass Selbstsucht, Eitelkeit, Anmaßung, weltlicher Stolz, materieller Ehrgeiz (ob materiell genannt oder nicht) usw. das genaue Gegenteil des Christentums sind.

Ich dachte, ich wüsste viel über Religion, aber nachdem ich aus Bois Frehaut herausgeführt wurde , begann ich in der Grundschule, sozusagen etwas über das Christentum zu lernen. Die Welt muss lernen, *was es ist* , und dann anfangen, es anzuwenden oder danach zu leben. Das wird geschehen. Die

Kirchen werden helfen. Sie werden helfen oder aufhören. Viele von ihnen sind jetzt fast am Ende. Aber das Christentum, wie Christus es lehrte, wird nicht aufhören. Es wird bald das wichtigste Gesprächsthema sein. Die Welt hat ein Stadium materiellen Fortschritts erreicht. Die Menschen sind wach, aufgeklärt und so organisiert, dass alles unerträglich wird – unmöglich ohne es.

Ich konnte in dieser Vorlesung nicht einfach jede Erwähnung des Christentums auslassen, denn die Dinge, für deren Verwirklichung und Verwirklichung mein Bataillon kämpfte, sind in gewisser Hinsicht eng mit dem Christentum verbunden. Es könnte ohne Demokratie kaum echtes Christentum geben, und ohne Christentum kann es keine echte Demokratie geben. Ich behaupte nicht, ein großer Christ zu sein, aber ich wünschte, ich hätte Zeit, Ihnen zu sagen, was ich darüber denke, warum ich das denke, was mich *dazu bringt, das zu denken, und so weiter. Sehen Sie selbst nach. Und jetzt müssen wir Bois* Frehaut verlassen .

Erst um 10.30 Uhr am Morgen des 11. November erhielt ich Befehle bezüglich eines Waffenstillstands. Der dritte ausgesandte Bote erreichte mich mit einem Divisionsbefehl . Ich hatte das direkte Kommando über die Hauptangriffe, die am 10. und 11. in Richtung Metz unternommen wurden, und dies war die erste konkrete Nachricht, die ich über den Waffenstillstand erhielt. Wir hatten gehört, dass so etwas erwartet wurde, aber ich nahm an, dass es mehrere Tage, vielleicht Wochen dauern würde, bis er in Kraft treten würde. Wir wussten, dass deutsche Offiziere unter einer weißen Fahne durch die Linien gegangen waren, um Vertreter des Oberkommandos der Alliierten zu treffen, aber wir wussten nicht, was das Ergebnis dieser Gespräche gewesen war. Einige dachten, die Feindseligkeiten würden monatelang nicht aufhören.

Stellen Sie sich also unsere Freude in diesem unerträglichen Granattrichter vor , als wir feststellten, dass der Krieg nur noch *dreißig Minuten* dauern würde. Von denen, die zu dieser Zeit bei mir waren, schrien einige vor Freude und andere starrten erstaunt, weil sie befürchteten, es sei zu schön, um wahr zu sein. Ich ließ meinen Vorgesetzten die Nachricht zukommen und saß da und sah auf meine Uhr. Das Artilleriefeuer nahm an Intensität zu, wenn überhaupt, und feindliche Maschinengewehrschützen hoben ihre Geschütze und durchsiebten den Wald mit Kugeln. Es wäre Pech gewesen, dann getroffen zu werden. Pünktlich um elf Uhr ließ das Feuer nach und hörte nach wenigen Minuten auf. Der Weltkrieg war vorbei.

Nicht nur unsere Männer, sondern auch die Deutschen schienen überglücklich zu sein. Kurz nachdem die Hornisten „Feuer einstellen“ gerufen hatten, stürmten die Hunnen aus ihren Stellungen und unsere Männer trafen sie zwischen den Linien. Sie schüttelten sich tatsächlich die

Hände und klopften sich gegenseitig auf die Schulter. Sie tauschten Schmuck und veranstalteten einen regelrechten Empfang, bis es unseren Offizieren gelang, die Männer wieder in die Linien zu bringen. Ich würde es nicht glauben, wenn ich es nicht gesehen hätte.

Am Nachmittag erhielt ich die Nachricht, dass unser Oberstleutnant, der das Regiment kommandierte, zusammen mit einigen Mitgliedern seines Stabes in einem Unterstand im Regimentshauptquartier schwer vergast und ins Krankenhaus eingeliefert worden war und dass ich als nächster im Rang vorübergehend das Regiment kommandieren sollte. Mein Gesicht war so geschwollen, dass ich mit einem Auge nur ein wenig sehen konnte. Meine Ohren bluteten und ich musste angeschrien werden, um etwas zu hören. Ich hatte Kratzer und Prellungen und meine Stimme wollte nicht mehr funktionieren. Eine Art Reaktion hatte eingesetzt und ich fühlte mich schwach und krank. Wir passierten eine Reihe von Toten und Leichenteilen und noch mehr Toten und erreichten schließlich die Limousine, die man für mich geschickt hatte.

Wir fuhren nur langsam, weil die Straße voller Granattrichter war, als einer meiner Männer sagte: „Vor uns ist ein Mann, der singt und mit den Armen wedelt, als wäre er verrückt." Ich konnte sehen, dass er zurückwich und sang oder schrie, und alle paar Schritte blieb er stehen, wedelte mit den Armen und führte seltsame Tanzbewegungen aus. Als wir ihn überholt hatten, hielt ich an und fragte ihn, was los sei. „Sir – Major", sagte er mit strahlenden Augen, „ich – ich kann Gott gar nicht genug dafür danken, dass er mich lebend aus diesem Wald kommen ließ ."

Die Truppe war zu müde, um an diesem Tag weit zu kommen. Aber am nächsten Morgen kam die Regimentskapelle geschlossen zu mir und bat um Erlaubnis, etwa eine Meile die Straße hinauf zu marschieren, um das Zweite Bataillon zu treffen, das auf meinen Befehl hin nach Loisey kam , wo es bequeme Unterkünfte gab, um sich auszuruhen. Ich ging als Regimentskommandeur auf den Dorfplatz, um mein heldenhaftes Bataillon willkommen zu heißen – das Bataillon, das sich selbst, seinem Regiment, seiner Brigade, seiner Division und der amerikanischen farbigen Rasse unsterblichen Ruhm *erworben hatte.*

Bald hörte ich die Band spielen, wie sie noch nie zuvor gespielt hatte, und sie kamen in Sicht, als sie die Hauptstraße der Stadt hinaufmarschierten. An der Spitze, hinkend und schmutzig, war mein großer Senior Captain Sanders. Weiter hinten konnte ich Green erkennen, Captain von „H", stämmig und zerlumpt, der neben seinem Kompanieführer marschierte. Andere fielen mir auf, und die Abwesenheit anderer, und viele Gedanken schossen mir durch den Kopf, als ich sie auf mich zumarschieren sah.

Sanders sah mich und wusste, was zu tun war. Ich gab nie viele ausgefallene Befehle, das war in dieser Truppe nicht nötig. Als die Mitte der Kolonne gegenüber stand, brüllte er mit heiserer Stimme – aber auch sie wussten, was zu tun war – „ Trupps los – Marsch! Bataillon – Halt!" Diese Absätze klickten. Ihre Gewehre, wie aus einem Guss, schnellten in drei klaren Bewegungen auf den „Befehl" herunter. Wieder schrie er oder versuchte zu schreien: „Waffen anlegen!" Wieder zwei deutliche und schnelle Bewegungen. Sanders drehte sich um, stand salutierend da und vor mir stand mit „Waffen anlegen" – nicht viel größer, als eine Kompanie sein sollte, alles, was von meinem wunderbaren Zweiten Bataillon übrig war! – Meine Helden von Bois Frehaut !

Hinweis: Viele waren viele Tage lang völlig arbeitsunfähig und ihre Namen wurden in den Abschlussberichten über die „Verluste" nicht angegeben.

Ich brachte sie zum „Orden" und stand wie gebannt da. Es war bei weitem die ergreifendste, aufregendste und ehrfurchtgebietendste Zeremonie, die ich je erlebt oder miterlebt habe. Da standen sie – mit Schlamm bedeckt, mit Blut befleckt und bespritzt, ihre Kleider, was davon noch übrig war, waren zerrissen und in Fetzen gerissen. Sie sahen ausgezehrt aus – hager, aber diese aufrechten, reglosen Gestalten, diese großen, festen Augen, ihre ganze stolze, männliche Haltung strahlten etwas von jener wahren Noblesse der Selbstlosigkeit und Aufopferung aus, die sich nicht beschreiben lässt.

Diese Männer hatten die Qualen der Verdammten erlitten. Sie hatten allen Terror- und Zerstörungsmaschinen gegenübergestanden, die sich ein teuflischer Mensch nur ausdenken konnte. Sie hatten das Kreischen, den Krach, das Brüllen und das Chaos der Hölle ertragen. Sie hatten gesehen, wie ihre Kameraden in Stücke gerissen oder zerfetzt und verstümmelt und durch Gas erstickt wurden. Sie hatten lange, grausige Stunden lang, machtlos, dem erbärmlichen, herzzerreißenden Stöhnen der Verwundeten und Sterbenden zugehört.

Ja, sie waren geprüft worden, sie waren getestet worden, sie waren auf die Waage gestellt worden, sie waren durch einen Feuertiegel gegangen – und sie waren wahres Gold. Viele harte, lange, ermüdende Wochen hatten sie gelitten und durchgehalten, und das alles für das, was sie für die Erhaltung unseres Landes, die Förderung der Demokratie und die Verbesserung der Menschheit hielten. Ich stand da, schaute, dachte nach – hin- und hergerissen und erstickt von Emotionen – aufgeregt vor Bewunderung und mit dem schnell wachsenden Gefühl, dass ich vor meinen Soldaten eine Rede halten würde – eine Ansprache. Aber *was* konnte ich sagen? Wie konnte ich es sagen? Was konnte jemand an meiner Stelle *sagen* ? Nach mehreren Versuchen ging ich näher heran und flüsterte so laut ich konnte: „Offiziere und Männer, Ihr Major ist stolz auf sein Bataillon!"

ANHANG

Die Geschichte wird sich so weit wie möglich mit *Fakten befassen* . In Bezug auf den Weltkrieg glaubt und wird die Welt glauben, was von denen gesagt wird, die die höchste Autorität innehatten und deren Aufgabe es ist, leidenschaftslos und gnadenlos die Wahrheit festzustellen und zu sagen. Aussagen oder Berichte, die dem widersprechen oder nicht übereinstimmen, sind einfach lächerlich und können nicht bestehen.

Gewöhnliche, alltägliche Ereignisse, Ereignisse ohne ungewöhnlichen oder besonderen Bezug zu irgendetwas, das keine Ausnahme darstellt, Leistungen, die vom Standpunkt der Gesamtsituation aus nicht besonders bemerkenswert sind, Versuche, die nicht oder nur teilweise erfolgreich waren oder die nicht logisch und ausreichend bewiesen werden können, interessieren oder überzeugen weder viele Menschen noch die breite Öffentlichkeit – auch jetzt nicht und werden dies natürlich auch nie tun, ganz gleich, wie gewaltig und lobenswert sie auch sein mögen und wie sie den direkt Betroffenen erscheinen mögen.

Alle Berichte über amerikanische farbige Soldaten in Frankreich legen großen Wert auf den Angriff der 92. Division kurz vor dem Waffenstillstand auf die Verteidigungsanlagen von Metz – die als die uneinnehmbarste Festung oder Stellung im Landesinneren der Welt gilt. Die stärkste Festung der Welt anzugreifen *bedeutet* etwas, und wenn man einen tatsächlichen, eindeutigen, unbestreitbaren Erfolg erzielt und die Welt davon erfährt, bedeutet das sehr viel. Besonders in einer Demokratie ist die öffentliche Meinung von Bedeutung.

Als dieser Angriff am Morgen des 10. November 1918 gestartet wurde, hatte die Division bereits genügend Erfahrung an der Front und war gut genug organisiert und ausgerüstet, um als Kampfdivision ernst genommen zu werden. Leider fanden unsere Aktivitäten gegen die Verteidigungsanlagen und unter den Kanonen von Metz, die unmittelbar vor der Einstellung der Feindseligkeiten stattfanden, zu einer Zeit, als so viele interessante und wichtige Ereignisse stattfanden, kaum oder gar keine öffentliche Aufmerksamkeit.

Doch stellen Sie sich meinen Gemütszustand vor, als ich, nachdem ich vor zwei farbigen Zuhörerschaften einen Vortrag gehalten und meinen weißen Freunden von den wunderbaren Leistungen meines farbigen Bataillons erzählt hatte, einen aus Washington verschickten Artikel der Associated Press las, der einen Absatz aus einem General John J. Pershing zugeschriebenen Brief enthielt, der wie folgt lautete: „Die 92. Division griff am 10. November um 7.00 Uhr morgens auf der Mosel an und war am 11. November um 5.00 Uhr morgens ein kurzes Stück vorgerückt. Die Truppen hatten sich jedoch angesichts wiederholten schweren Feuers in Deckung zurückgezogen, als der Kommandeur der angreifenden Brigade um 7.18 Uhr die Information erhielt, dass ein Waffenstillstand wirksam sein würde…" usw.

Meine Freunde oder Freunde von irgendjemandem, die diese dem Oberbefehlshaber der American Expeditionary Forces zugeschriebene Aussage lesen oder hören, würden glauben, dass die farbigen Soldaten der 92. Division (der einzigen komplett farbigen Kampfdivision) etwas gegen die Befestigungen von Metz *versucht hätten, aber GESCHEITERT* seien !

Dadurch wurde Bois Frehaut zu einer Lüge. Dadurch wurde ich zum Lügner. Dadurch wurde jeder farbige Bürger zur Lachnummer, der von den großen Taten und *Errungenschaften* farbiger Soldaten unter den Kanonen von Metz sprach.

Verallgemeinerungen sind, selbst wenn sie authentisch sind, nicht *überzeugend* . Pauschale Zusammenfassungen über Einheiten, die zu verschiedenen Zeiten und an verschiedenen Orten in unterschiedlichem Einsatz waren, ändern nur wenige Meinungen. Es muss etwas Konkretes, in sich Abgeschlossenes gezeigt werden, das auch *für Skeptiker zufriedenstellend beweisbar ist* . Daher schien es mir meine Aufgabe zu sein, dem amerikanischen farbigen Soldaten und dem amerikanischen Neger die Ehre für eine höchst außergewöhnliche und glorreiche *Leistung zu sichern und zu bewahren* . Ich schrieb sofort an ein Mitglied des Kongresses, den ehrenwerten Will R. Wood, und schickte den Auszug aus dem Indianapolis Sunday Star vom 11. Januar 1920 sowie die Fakten über den Vorstoß der 92. Division nach Metz.

Nachdem General Pershing nach seiner Inspektionstour nach Washington zurückgekehrt war und die Aufzeichnungen eingehend geprüft hatte, schrieb er Herrn Wood einen Brief mit Datum vom 1. März 1920. Herr Wood schickte mir den Brief. General Pershing sagte, der veröffentlichte Absatz sei falsch – was er in seinem Brief tatsächlich gesagt habe, sei: „Die 92. Division griff am 10. November um 7 Uhr morgens auf der Mosel an und erneuerte den Angriff um 5 Uhr morgens am 11. November. Der erneute Angriff begann um 5 Uhr morgens am 11. November und rückte ein kurzes Stück vor, aber die Truppen hatten sich angesichts des gemeldeten schweren Feuers zurückgezogen, um Deckung zu suchen …" usw.

Auch diese Aussage, die hinsichtlich der Vorstoßversuche am 11. November vollkommen zutrifft, vermittelt den allgemeinen Eindruck eines Scheiterns der Division bei ihrem Vorstoß in Richtung Metz. Sie macht es jedoch weder unmöglich noch unwahr, dass die Schlüsselposition Bois Frehaut am 10. vollständig eingenommen und bis zum Inkrafttreten des Waffenstillstands *gehalten wurde* . Das Halten war tatsächlich wichtiger als die Einnahme. Die Befehle lauteten „einnehmen und halten", und großer Nachdruck wurde auf das „Halten" gelegt. Aber General Pershing fährt, wie Sie bemerken werden, mit der ausführlichen und zutreffenden Erklärung und dem Nachweis fort, dass das Zweite Bataillon des 365. Infanterieregiments Bois Frehaut tatsächlich *eingenommen* und *gehalten hat* und dass *dieses Bataillon* seine Mission vollständig erfüllt hat.

Der Brief des Generals wurde als Teil eines Artikels unter der Überschrift „Pershing sendet korrekten Bericht" im Indianapolis Star vom 9. März 1920 veröffentlicht. Er wurde auch in anderen Zeitungen kopiert. Der vollständige Brief lautet wie folgt:

AMERIKANISCHE EXPEDITIONSSTREITKRÄFTE

BÜRO DES OBERBEFEHLSHABERS

1. März 1920.

Mein lieber Herr Wood:

Ich bedauere, dass sich diese Antwort auf Ihren Brief vom 17. Januar, dem ein Brief von Major Ross vom 12. Januar beigefügt ist, aufgrund meiner Abwesenheit in Washington verzögert hat.

Major Ross zitiert einen Absatz aus einem von mir verfassten und im „Indianapolis Star" veröffentlichten Brief und beanstandet diesen Absatz als ungerecht, soweit er sein Bataillon (2. Bataillon, 365. Infanterie) betrifft. Wie von Major Ross zitiert, lautet der Absatz, den er beanstandet, wie folgt:

„Die 92. Division griff am 10. November um 7:00 Uhr morgens auf der Mosel an und rückte am 11. November um 5:00 Uhr morgens ein kurzes Stück vor. Die Truppen hatten sich jedoch bereits zurückgezogen, um angesichts des wiederholten schweren Feuers in Deckung zu gehen, als der Kommandeur der angreifenden Brigade um 7:18 Uhr die Information erhielt, dass um 11:00 Uhr ein Waffenstillstand in Kraft treten würde. Der Brigadekommandeur berichtet, dass er um 10:45 Uhr die Einstellung des Feuers angeordnet hatte und dass das Feuer daraufhin eingestellt wurde."

Das obige Zitat ist falsch. Der Absatz in meinem Brief vom 21. November lautete tatsächlich:

„Die 92. Division griff am 10. November um 7 Uhr morgens an und setzte den Angriff am 11. November um 5 Uhr morgens fort. Der erneute Angriff begann am 11. November um 5 Uhr morgens und kam ein kurzes Stück vorwärts, aber die Truppen hatten sich angesichts des gemeldeten schweren Feuers in Deckung zurückgezogen, als der Kommandeur der angreifenden Brigade um 7:18 Uhr die Information erhielt, dass ein Waffenstillstand um 11 Uhr in Kraft treten würde. Der Brigadekommandeur berichtet, dass er angeordnet hatte, das Feuer um 10:45 Uhr einzustellen, und dass das Feuer eingestellt wurde."

Sie werden feststellen, dass sich der Verweis auf den Rückzug der Truppen im richtigen Absatz ausschließlich auf den *erneuten* Angriff bezieht, der am 11. November um 5 Uhr morgens begann, und nicht auf den Angriff vom 10. November. Ich denke, eine sorgfältige Prüfung des Briefes von Major Ross zeigt, dass seine Aussagen über die Arbeit seines Bataillons nicht behaupten, dass das 2. Bataillon am 11. November einen Vormarsch unternommen hat. Die Prüfung der Unterlagen zeigt, dass das 2. Bataillon am 10. November tatsächlich den Bois Frehaut einnahm und dass dieses Bataillon diese Position hielt, bis der Waffenstillstand in Kraft trat.

Die von der 183. Brigade am Abend des 10. November für die Operation am 11. November erlassenen Befehle sahen vor, das 1. Bataillon des 365. im westlichen Teil des Bois Frehaut in Stellung zu bringen und „ das 2. Bataillon des 365. Infanterieregiments in seiner gegenwärtigen Position im Bois Frehaut zur Unterstützung zu halten ." Dies zeigt deutlich, dass nicht damit gerechnet wurde, dass das 2. Bataillon des 365. Infanterieregiments am 11. November angreifen würde; und zusammen mit anderen Beweisen zeigt es, dass das 2. Bataillon des 365. Infanterieregiments am 11. November die Positionen hielt, die es am 10. November erobert hatte.

Die tatsächlichen Aussagen, die ich in meinem Brief vom 21. November machte, waren korrekt, basierend auf den Berichten der verschiedenen Kommandeure, und ich denke, Major Ross wird zustimmen, dass nichts in dem, was ich gesagt habe, in irgendeiner Weise die Arbeit des 2. Bataillons des 365. Infanterieregiments in Frage stellt. Dieses Bataillon scheint am 10. und 11. November das getan zu haben, was von ihm erwartet wurde. Wie aus dem Zitat hervorgeht, das ich oben aus dem Befehl vom 10. November für die Operation am 11. November angeführt habe, war das 2. Bataillon am Morgen des 11. November unterstützend und nicht in der Angriffslinie.

Anbei übersende ich die Ihrem Schreiben vom 17. Januar beigefügten Unterlagen.

Mit freundlichen Grüßen,
(Unterzeichnet) John J. Pershing.

Der ehrenwerte Will R. Wood,
Repräsentantenhaus,
Washington, DC

Angesichts der allgemeinen Meinung unter den amerikanischen Streitkräften in Frankreich und des Eindrucks der amerikanischen Öffentlichkeit im Allgemeinen über den Vorstoß der 92. Division nach Metz sowie über ihre Erfahrungen in den Argonnen, die durch das 368. Infanterieregiment in der Angriffslinie repräsentiert wurden, schien es mir ratsam, das Ergebnis der Arbeit der angreifenden Einheiten, mit Ausnahme des 2. Bataillons des 365. Infanterieregiments, beim Vormarsch auf die Befestigungen von Metz am 10. und 11. November darzulegen. Es ist besonders gut, dass ich sie erwähne, da General Pershing tatsächlich sagt (und der General weiß es und wird als Autorität angesehen), dass das 2. Bataillon des 365. Infanterieregiments seine Mission *vollständig erfüllt hat*, und auch, dass die Angriffe auf das 11. Bataillon „ein kurzes Stück vorgerückt sind, sich dann aber zurückgezogen haben, um Deckung zu bieten...“

Zweifellos waren *einige vor dem Lesen meines Vortrags* der Meinung, dass die 92. Division mit unwiderstehlicher Kraft an Stützpunkten vorbei und über sie hinweg stürmte, ohne Rücksicht auf alle Verteidigungsanlagen, alles vor sich herfegte und nur durch den Waffenstillstand daran gehindert wurde, die Mauern der Stadt Metz selbst niederzureißen. Wie fast jeder Soldat, angefangen von General Pershing abwärts, weiß und wie die endgültige Schlachtlinie im Vergleich mit der Linie am 9. November eindeutig beweist, war dies nicht der Fall. Hätte ich mich diesbezüglich in schillernden Allgemeinplätzen ergehen lassen, hätte ich es auch nur angedeutet oder den Eindruck erweckt, dass alle beteiligten Einheiten ihre Missionen erfüllten, das heißt, ihre Befehle erfolgreich ausführten, wäre ich ernsthafter und berechtigter Kritik ausgesetzt, denn als Anführer des Angriffs auf die Schlüsselposition, die die zentrale Position war, war es meine Aufgabe zu *wissen*, was an meiner Front und an meinen Flanken geschah. Ich würde als unwahr oder zumindest als Übertreiber gelten, und alles, was ich gesagt habe, würde, wenn es überhaupt eine Wirkung hat, die Ehre des amerikanischen farbigen Soldaten eher schmälern als steigern.

„Scotts offizielle Geschichte der amerikanischen Neger im Weltkrieg", geschrieben und zusammengestellt von Emmett J. Scott, Sonderassistent des Kriegsministers, enthält die allgemeinen Berichte (ohne Anhänge und Einzelheiten) des Kommandeurs der 92. Division und des Kommandeurs der 183. Brigade über die Operationen vom 10. und 11. November. Der Einfachheit halber werde ich Seiten aus Dr. Scotts Werk zitieren.

Ich sagte etwa, dass das Bataillon der weißen Division links an der Front des 367. angegriffen habe, in wenigen Minuten etwa 156 Mann verloren habe und sich zurückgezogen habe. Ich sagte auch, dass das 367. Infanterieregiment auf unserer linken Seite – gleich jenseits der Mosel – seine Mission nicht erfüllen konnte.

Seite 151, Brigadebericht: „Um 10:30 Uhr ging eine Nachricht von der Division ein, dass der Angriff des 367. Infanterieregiments der 184. Brigade (auf unserer linken Seite) zurückgeschlagen worden sei, dass aber zwei Kompanien nach vorn geschickt würden, um ihren Angriff zu verstärken."

Seite 159, Divisionsbericht, „10. Nov. 9:30 Uhr – Angriff des 367. Infanterieregiments westlich von Moselle nicht weiterverfolgt, da es dem 56. Infanterieregiment der 7. Division nicht gelang, Preny einzunehmen . Der Bericht des Kommandanten des 367. Infanterieregiments auf den Seiten 2 und 3 zeigt die Fakten und Gründe."

Seite 160, Divisionsbericht: „Da das 367. Infanterieregiment westlich der Mosel keinen Vormarsch unternahm, weil die 7. Division zunächst Preny einnehmen musste , bevor ein Vormarsch möglich war, wird hier kein Bericht über westlich der Mosel eingesetzte feindliche Einheiten vorgelegt."

Das reicht meiner Ansicht nach aus, um zu beweisen, dass die vorrückenden Einheiten auf unserer linken Seite keinen Erfolg hatten oder nicht vorrücken konnten. Der Beweis dafür muss *nur* zum Nutzen einiger weniger erbracht werden, denn die überwältigende Mehrheit der Amerikaner (aufgrund der Bemühungen, allen Einheiten die gleiche Anerkennung zu geben und zu implizieren, dass alle Beteiligten erfolgreich waren) weiß nicht oder hegt ernsthafte Zweifel, ob die 92. Division oder eine ihrer Einheiten irgendwo wirkliche Erfolge erzielt *hat* .

Sehen wir uns nun unsere Brigade an, die 183., die aus dem 365. und 366. Infanterieregiment und dem 350. Maschinengewehrbataillon bestand. Im Brigadebericht heißt es im letzten Teil von Absatz 2 auf Seite 149 desselben Buches: „Ziel dieses Angriffs war die Eroberung und Haltung von Boise Frehaut und Bois Voivrotte (Bois Voivrotte ist der Name des kleinen Waldes, den ich in meinem Vortrag erwähnte, rechts von uns), mit dem Ziel, die Beobachtungslinie des Marbache- Abschnitts bis an die Nordgrenze dieser Wälder vorzuverlegen." Der Befehl unserer Brigade lautete also , diese beiden Wälder zu erobern und zu halten, und da wir von Süden vorrückten, war die Linie, die wir halten sollten, die *Nordgrenze* dieser beiden Wälder.

Seite 149, Absatz 3 des Brigadeberichts: „Der Angriff auf den Bois Frehaut sollte vom 2. Bataillon des 365. Infanterieregiments unter dem Kommando von Major Warner A. Ross durchgeführt werden. Der Angriff auf den Bois Voivrotte sollte von zwei Zügen durchgeführt werden, dem 2. Bataillon des 366. Infanterieregiments an der Nulllinie" usw.

In der frühen Stunde von 8:12 Uhr, so heißt es auf Seite 150 des Berichts, sei eine Meldung vom Divisionshauptquartier an das Brigadehauptquartier weitergeleitet worden, wonach der Bois Voivrotte vollständig besetzt sei. Dieser war im Vergleich zu den Stellungen, die das 2. Bataillon des 365. Infanterieregiments angriff, sehr klein. Und der nächste Eintrag auf Seite 150 lautet: „Um 9 Uhr ging die Meldung ein, dass im Bois Voivrotte und im Bois Frehaut heftige Maschinengewehrkämpfe im Gange waren ." Das war zu dieser Zeit im Bois Frehaut der Fall , und zwar um 8:30 Uhr, als ich diese spezielle Meldung bezüglich des Bois Frehaut per Brieftaube abschickte. Die Tatsache, dass im Bois Voivrotte Maschinengewehrkämpfe im Gange waren, bedeutet entweder, dass die Meldung von 8:12 Uhr über die vollständige Besetzung verfrüht war oder dass der Feind Maschinengewehre hineingeschickt hatte, nachdem die Züge des 2. Bataillons des 366. Infanterieregiments ihn „vollständig besetzt" hatten. Denn wenn der Wald von feindlichen Maschinengewehrschützen besetzt war und dort kämpfte, konnte man nicht behaupten, dass er von unseren Truppen „vollständig besetzt" war.

Frehaut vollständig besetzt und unsere Linie entlang der Nordgrenze und auch der Ostgrenze dieses Waldes (sie lag viel weiter nördlich als die Nordgrenze von Bois Voivrotte) etabliert hatte, war es für den Feind nicht mehr möglich, Truppen nach Bois Voivrotte zu schicken oder dort zu behalten , es sei denn, er vertrieb mein Bataillon aus Bois Frehaut . Es stand ihm jedoch weiterhin frei, es mit Artilleriefeuer zu beschießen. Hier ist jedoch die offizielle Nachricht des Kommandeurs des 2. Bataillons des 366. Infanterieregiments. Auf Seite 151 des Brigadeberichts: „15:05 Uhr Telefonische Nachricht vom Kommandeur des 2. Bataillons des 366. Infanterieregiments, dass er seine Linien wegen schweren feindlichen Beschusses – Sprengstoff und Gas in den Wäldern – an den südlichen Rand von Bois Voivrotte zurückgezogen habe ." Dieses endgültige Aufgeben ihrer Bemühungen, Bois Voivrotte zu halten , und der Rückzug ihrer Linien an die *Südgrenze* war *einer der* Gründe für den nächsten Eintrag auf derselben Seite: „15:55 Uhr: Befehl vom kommandierenden General der 92. Division, nicht wie für 17:00 Uhr geplant anzugreifen, sondern die gewonnenen Positionen zu konsolidieren und sie um jeden Preis gegen mögliche Gegenangriffe zu halten." Denn wie konnten die anderen Einheiten, die durch die Einheiten angreifen sollten, die Bois Voivrotte halten sollten , über dessen Nordgrenze hinaus vorrücken, wenn sie laut dem Bataillonskommandeur – der das direkte Kommando hatte – tatsächlich nur die *Südgrenze hielten* ? Offensichtlich war es notwendig, Bois Voivrotte *zurückzuerobern* und *zu halten* – ganz, bevor sie daran denken konnten, etwas dahinter oder nördlich davon einzunehmen.

Der *andere* Grund, warum der Divisionskommandeur den für den 10. um 17 Uhr an der Nordgrenze von Bois Frehaut und Bois Voivrotte geplanten Angriff absagte, war ebenso offensichtlich. Denn wie hätte man von den Einheiten, deren Angriff über das 2. Bataillon des 365. Regiments geplant war, das damals die *Nordgrenze* von Bois Frehaut hielt , erwarten können, dass sie *über* uns hinaus vorrücken würden, wenn es ihnen aufgrund feindlichen Artilleriefeuers nicht einmal gelungen war, die *Südgrenze* von Bois Frehaut zu erreichen .

Als andere Einheiten des 366. fast den Angriff *jenseits von* Bois Voivrotte starten sollten, hielten sie Bois Voivrotte *noch nicht* , sondern hatten ihre Linie an den südlichen Rand zurückgezogen und hielten das, was vorher Niemandsland gewesen war, das dort viel schmaler war als vor Ferme de Belle Aire. Wie man leicht erkennen kann, brachte mich dieses Versagen ihrerseits in eine prekäre Lage, falls der Feind in großer Zahl versuchen sollte, uns durch Bois Voivrotte einzukesseln. Dies war hauptsächlich der Grund für den Befehl an die Artillerie, der im Divisionsbericht auf Seite 160 erwähnt wird: „11. Nov. 3:59 Uhr – Artillerie angewiesen, Sperrfeuer am nördlichen Rand von Bois Voivrotte zu legen , da dieser Punkt nicht von unseren Truppen besetzt ist." Unter Berücksichtigung der kurzen Bemerkungen von General Pershing zu den Angriffen vom 11. November denke ich, dass dies alle abdeckt, einschließlich der Truppen der 7. Division, die durch die CR angreifen, die links an die 367. angrenzt.

Was bedeutet das alles? Es bedeutet, dass von allen Bataillonen, die während des Vorstoßes, der am Morgen des 10. November begann, in den Angriff auf Metz verwickelt waren oder daran beteiligt waren, das einzige Bataillon, das seine Mission erfüllte, oder mit anderen Worten, das einzige, das seine Befehle ausführen konnte – das einzige, das etwas eroberte und hielt, das 2. Bataillon des 365. Infanterieregiments war. Wäre es diesem Bataillon *nicht gelungen, Bois* Frehaut einzunehmen und zu halten , wäre es nicht tatsächlich zu allen Zeiten mit all seinen verschiedenen Missionen erfolgreich gewesen und wären seine Kompanien als Kompanien nicht mit all ihren verschiedenen Missionen erfolgreich gewesen, würde ich überhaupt kein Buch darüber veröffentlichen, geschweige denn das Bataillon so loben, wie ich es getan habe.

Doch sehen wir uns noch einige weitere Zitate aus Dr. Scotts History an. Ralph W. Tyler, der farbige Kriegskorrespondent, schrieb, notwendigerweise größtenteils vom Hörensagen, zu einer Zeit, als das Durcheinander und der Lärm der Schlacht es unmöglich machten, den Ausgang vorherzusehen. Er konnte sich jedoch die Landschaft im Allgemeinen ansehen und wusste, wer angriff und später, wer Bois Frehaut hielt . Er besuchte Bois Frehaut auch nach dem Waffenstillstand und schrieb daher unter anderem auf Seite 289: „... und so zog das 2. Bataillon mit nur einem weißen Offizier, dem Major, in den Kampf. Keine Einheit im Vormarsch hatte eine schwierigere Position einzunehmen und zu halten als die dem 2. Bataillon des 365. zugewiesene. Bois Frehaut war ein Netzwerk aus Stacheldrahtverhauen, und die großen Geschütze in Metz hatten nichts anderes zu tun, als die Wälder mit einem mörderischen Feuer zu überziehen, was ihnen äußerst effektiv gelang. Franzosen und Senegalesen wiederum hatten es nicht geschafft, diese Wälder zu halten, denn sie waren schlimmer als die Hölle – sie waren zur Grabstätte von Hunderten geworden. Ich (Ralph W. Tyler) war über und durch diesen Wald; ich sah das riesige Stacheldrahtgeflecht; ich sah die Nester in den Bäumen, in denen die Deutschen getarnte Maschinengewehre versteckt hatten, von denen aus sie ein Feuer auf die alliierten Truppen niederprasseln ließen.

„Es ist unmöglich, diese Szene des Blutbads zu beschreiben. Der Befehl an die farbigen Männer des 365. Bataillons lautete ‚nehmen und halten‘, obwohl man fast sicher davon ausging, dass sie es nicht halten könnten, selbst wenn sie es einnahmen. Aber sie haben es eingenommen und gehalten, und diese Männer des 2. Bataillons würden mit spartanischem Mut und unglaublicher Ausdauer zum Zeitpunkt dieses Schreibens die Stellung halten, wenn der Waffenstillstand nicht unterzeichnet worden wäre oder sie nicht den Befehl zum Rückzug erhalten hätten.“

Er sagt auch: „Der kommandierende Major erklärte mir, die Welt habe nie bessere Kämpfer hervorgebracht als die farbigen Männer, aus denen sein Bataillon des 365. Infanterieregiments bestand.“ Doch seine nächsten drei Absätze, wie sie in „Scotts Geschichte“ zitiert werden, sind hinsichtlich der früheren Bedingungen größtenteils falsch. Die Aufzeichnungen werden es zeigen (die erforderlichen Aufzeichnungen befinden sich nicht in diesem Buch), aber jeder , der beim 365. Infanterieregiment war, und fast jeder in der Division weiß, dass das 2. Bataillon des 365. den vordersten Bataillonsabschnitt östlich der Mosel, genannt CR Musson, 31 Tage lang *ununterbrochen hielt* , dann zurückkehrte, drei Tage lang die zweite Verteidigungslinie besetzte (während dieser Zeit marschierten verschiedene Einheiten heran und griffen den Feind an, um seine Stärke festzustellen), am 9. nach Pont-à-Mousson zurückkehrte und am Morgen des 10. angriff. Während dieser Zeit hielten das 1. und 3. Bataillon abwechselnd den CR auf unserer rechten Seite – CR Les Menils . Ich hatte Dr. Scotts Buch zum Zeitpunkt meines Vortrags noch nicht gelesen. Während der Besetzung des St. Die-Sektors durch die Division hielt dieses Bataillon ununterbrochen einen Frontabschnitt . In den Argonnen führte es Straßenarbeiten so nah an der vorgeschobenen Linie durch wie kein anderes Bataillone. Die Division wurde von General Pershing für ihre Arbeit bei der Verkehrserleichterung während des Maasangriffs in den Argonnen, d. h. während des frühen Teils dieses Angriffs, gelobt. Teile des 368. Infanterieregiments befanden sich für kurze Zeit in der Angriffslinie. Anfang Oktober wurde die gesamte Division aus dem Argonnen-Maas-Abschnitt in den Marbache- Sektor verlegt. Kein Bataillon des 368. Infanterieregiments hielt jemals eine Frontposition im Marbache- Sektor.

Um Ihnen zu zeigen, wie sehr Mr. Tyler von Bois Frehaut beeindruckt war , zitiere ich noch einmal aus seinen Schriften. Seite 286 aus Dr. Scotts Buch: „Der Waffenstillstand stoppte ihren Vormarsch nach Berlin, aber sie erreichten den der deutschen Stadt Metz am nächsten gelegenen Punkt auf dem, was als siegreicher Marsch nach Berlin geplant war, und die Tapferkeit, die sie zeigten, ihr mutiger, heldenhafter Kampf während des gesamten Vormarsches brachten unseren Männern der 92. Division großes Lob von ihren Vorgesetzten ein, darunter den Korps- und Divisionskommandeuren, denn sie wankten keinen Augenblick, nicht einmal in dieser schrecklichen Hölle, den Frehaut- Wäldern, auf die die großen Kanonen von Metz ständig feuerten, die die Senegalesen nicht halten konnten, die unsere farbigen Soldaten aus Amerika jedoch einnahmen und hielten, bis das Signal kam, das die Einstellung der Feindseligkeiten verkündete.“

Ich werde nun noch ein paar Auszüge aus dem Bericht des Brigadekommandeurs wiedergeben. Auf Seite 150 desselben Buches heißt es: „Um 10 Uhr (10. Nov.) ging eine Nachricht vom Kommandeur des 2. Bataillons des 365. Infanterieregiments ein, in der es hieß, dass sie im Bois Frehaut schwer von feindlicher Artillerie beschossen würden und um Gegenfeuer baten; außerdem wurde angegeben, dass ihr Vormarsch fast die Nordgrenze des Bois Frehaut erreicht habe . Die schwere Artillerie wurde gebeten, auf die feindliche Artillerie Gegenfeuer zu geben, was sie auch prompt tat.“ Ich schickte diese Nachricht gegen 9 Uhr.

Auf Seite 151, Brigadebericht: „Um 11:15 Uhr eine Nachricht vom Kommandanten des 2. Bataillons des 365. Infanterieregiments, dass Bois Frehaut vollständig besetzt sei, dass Boches die Wälder mit Gas und Sprengstoff beschieße und Gegenfeuer anfordere.“ Dies war die Nachricht, von der in dem Vortrag die Rede war, den ich um 10 Uhr per Brieftaube an das Divisionshauptquartier schickte. Sie wurde dort verlesen und an das Brigadehauptquartier (das sich in einem anderen Dorf befand) weitergeleitet.

Seite 152, Brigadebericht: „Unser Vormarsch ging etwa dreieinhalb Kilometer tief. Als diese Brigade den Abschnitt östlich der Mosel übernahm , gab es neben dem Fluss eine tiefe Einbuchtung aufgrund des St. Mihiel-Vorstoßes, der die Linie mehrere Kilometer am Westufer der Mosel vorrückte, während die Linie am Ostufer an Ort und Stelle blieb.“

, weit in den Bois Fréhaut vorzudringen – geschweige denn, ihn einzunehmen und zu halten.

Seite 153, Brigadebericht: „Hilfswaffen, Maschinengewehre, 37-mm-Geschütze, Stokes-Mörser und Gewehrgranaten wurden voll ausgenutzt. Alle diese Waffen, außer den Stokes-Mörsern, wurden bei den schweren Kämpfen im Bois Frehaut eingesetzt , um feindliche Maschinengewehrstellungen zu bekämpfen. 37-mm-Geschütze wurden weit nach vorne geschoben, wenn direktes Feuer auf feindliche Maschinengewehrstellungen möglich war. Der umfangreiche Einsatz dieser Waffen war der schnelle Vormarsch durch den Bois Frehaut zu verdanken. Maschinengewehre wurden häufig eingesetzt, um die Flanken der angreifenden Infanterie zu decken. Sie halfen wesentlich dabei, die nordöstliche Ecke des Bois Frehaut vor einem feindlichen Gegenangriff aus Bouxières zu schützen . Grabenmörser wurden nach der Einnahme des Waldes von Frehaut in Stellung gebracht, um die neue Front abzudecken.“

Seite 154, Brigadebericht: „Die von den Deutschen gehaltenen Linien waren ungewöhnlich stark, was das Ergebnis einer vierjährigen Stabilisierung in diesem Sektor war. Ihre Artillerie war äußerst aktiv, da sie in diesen Jahren zweifellos jeden wichtigen Punkt des Sektors erfasst hatte. Darüber hinaus waren ihre Stellungen die erste Verteidigungslinie von Metz. Die Truppen, die sie besetzten, waren junge, tüchtige Männer und keine alten Soldaten aus einem Ruhesektor.“

Ich möchte hier betonen, dass unsere Divisionsartillerie hervorragende Dienste geleistet hat. Das gilt insbesondere, wenn man bedenkt, dass sie erst seit wenigen Tagen an der Front war.

Doch im Brigadebericht tritt ein sehr offensichtlicher Widerspruch auf, der sich im Divisionsbericht auf Seite 161 widerspiegelt: „Der Angriff wurde am Morgen des 11. erneuert, wobei die Linien bis zum Nordrand des Bois Frehaut vorgerückt wurden , eine Distanz von 3,5 Kilometern von einer ursprünglichen Linie.“ Wie Sie bemerken, besagt der *Divisionsbericht , dass die Linie am 11. bis zum Nordrand des Bois* Frehaut vorgerückt wurde , wobei der Divisionskommandeur genau wusste, dass die Linie nie über den Nordrand des Bois Frehaut hinaus vorgerückt war , denn der nächste Absatz bezieht sich auf die letzte Kampflinie, die den Koordinaten zufolge der Nordrand des Bois Frehaut *war* . Doch im Brigadebericht, auf dem dieser Teil des Divisionsberichts basiert, eines Divisionskommandeurs, der gleich nach dem

Waffenstillstand das Kommando übernahm, heißt es auf Seite 152: „Der Angriff von Einheiten der Brigade am Morgen des 10. November vernichtete diesen Wiedereinbrecher, indem wir unsere Linien am Ostufer der Mosel über eine Distanz von 2,25 Kilometern vorrückten. Der so erreichte Vormarsch wurde gegen schweres Artillerie- und Maschinengewehrfeuer und hohe Gaskonzentrationen aufgehalten. Der Angriff wurde am Morgen des 11. November wieder aufgenommen, wobei die Linien um eine Distanz von dreieinhalb Kilometern vorgerückt wurden, eine ursprüngliche Linie."

Das würde einen Vormarsch von einem Kilometer am 11. November bedeuten. Ich möchte das nicht weiter diskutieren, sondern nur sagen, dass es *falsch ist*. Die endgültige Kampflinie ist die Nordgrenze von Bois Frehaut . Im Divisionsbericht heißt es: „Der Angriff wurde am Morgen des 11. wieder aufgenommen, wobei die Linien bis zur Nordgrenze von Bois Frehaut vorgerückt wurden , eine Entfernung von dreieinhalb Kilometern von der ursprünglichen Linie." Da, wie klar gezeigt wird, die Linie nie über die Nordgrenze von Bois Frehaut hinaus vorgerückt wurde *wo* fand *dieser* Vorstoß statt? Über diesen mysteriösen Vorstoß der 11. Brigade heißt es im Brigadebericht: „Unsere Verbindung mit den Truppen westlich des Flusses wurde dadurch erheblich verbessert", was darauf hindeutet, dass der besagte unerklärliche und vage „Vorstoß" in der Nähe des Flusses stattfand – also an meiner Front.

General Pershing sagt, dass „die Prüfung der Aufzeichnungen zeigt, dass das 2. Bataillon am 10. November tatsächlich den Bois Frehaut eingenommen hat und dass dieses Bataillon diese Position bis zum Inkrafttreten des Waffenstillstands hielt." Wie konnte er behaupten, dass wir den Bois Frehaut am 10. November eingenommen hätten, wenn davon noch ein Kilometer (das ist fast eine Meile) übrig war, der am 11. November eingenommen werden musste? Über den Vormarsch des 11. Bataillons sagt er: „Wir sind ein kurzes Stück vorgerückt, *haben uns dann aber zurückgezogen,* um Deckung zu suchen."

Derselbe Brigadebericht zeigt, dass am 10. November um 10:00 Uhr eine Nachricht einging, aus der hervorging, dass das 2. Bataillon des 365. Infanterieregiments fast die Nordgrenze des Bois Frehaut erreicht hatte , und dass am 10. November um 11:15 Uhr eine Nachricht einging, aus der hervorging, dass der Bois Frehaut *vollständig besetzt* war . Das obige Zitat aus demselben Bericht besagt, dass der Wiedereinbruch durch das Vorrücken unserer Linien am Ostufer der Mosel am 10. November vereitelt wurde und dass der so erfolgte Vormarsch gegen schweres Artillerie- und Maschinengewehrfeuer usw. *aufgehalten wurde* . Der Brigadebefehl für den Angriff vom 11. November - der Befehl, aus dem General Pershing zitierte - zeigt deutlich, dass der Angriff vom Nordrand des Bois Frehaut - unserer Frontlinie - aus erfolgen sollte.

Es ist schade, dass man Zeit darauf verwenden muss, eine solche Diskrepanz zu korrigieren, aber so steht es nun einmal in Dr. Scotts Buch, und ich habe keinen Grund anzunehmen, dass die Brigade- und Divisionsberichte in diesem Buch irrtümlich abgedruckt sind. Bei einem flüchtigen Leser *könnte dies einen falschen Eindruck hinterlassen. Manche machen sich vielleicht nicht die Mühe, zu erkennen* , dass am 11. November *kein* Vormarsch erfolgte und gehalten wurde. Die Front wurde am 10. November bis zum nördlichen Rand des Bois Frehaut vorgerückt und wich keinen Augenblick auch nur einen Fuß zurück. Nur wenige farbige Bataillone hatten die Gelegenheit, ihren wahren Wert zu beweisen. Ich habe nicht vor, auch nur einen einzigen Schatten auf die glorreichen *Erfolge* und *Leistungen* eines farbigen Bataillons zu werfen. Dies schmälert den Ruhm anderer Einheiten nicht im Geringsten, sondern wird *das* Ansehen und Ansehen farbiger Soldaten insgesamt *erheblich steigern* .

An anderer Stelle heißt es im Bericht des Generals, der unsere Brigade befehligt, auf Seite 154 in Dr. Scotts Buch: „Die Kommandeure der angreifenden Einheiten und auch der Artillerie erklärten ständig, dass sie ohne angemessene Vorbereitung zu diesen Bewegungen gedrängt worden seien. Wären sie mit solchen Operationen vertraut gewesen, hätte die ihnen zur Verfügung stehende Zeit ausgereicht." Der Generalmajor, der die 92. Division befehligte und den Divisionsbericht über die Operationen vom 10. und 11. November verfasste, sagt auf Seite 162 desselben Buches: „Der Angriff wurde nach sehr kurzer Vorbereitung durchgeführt, zu kurz in Anbetracht der Stärke der feindlichen Stellungen, die sehr stark gehalten wurden."

Ich habe in meinem Vortrag erzählt, was das Zweite Bataillon des 3065. Infanterieregiments im Marbache- Sektor durchgemacht hat und wie wir die ganze Nacht vor dem Angriff an Dingen gearbeitet haben, die unabhängig von der Vertrautheit mit irgendetwas *erledigt werden mussten* . Ich kann mich nicht erinnern, dass ich mich über die Kürze der Vorbereitungszeit beschwert habe. Möglicherweise habe ich das getan, denn ich habe zu jeder Zeit alles getan, um den Erfolg gegen den Feind sicherzustellen. Aber ob die Zeit nun zu kurz oder zu lang war, ich lenke Ihre Aufmerksamkeit noch einmal auf die Tatsache, dass *dieses* Bataillon seine Mission unter den Geschützen von Metz vollständig, vollständig und großartig erfüllt hat.

Oberstleutnant AE Deitsch, ein Veteran der regulären Armee, der mein unmittelbarer Vorgesetzter war und während dieses Vorstoßes das Kommando über unser Regiment hatte und der, bevor er zu unserem Regiment kam, in anderen Divisionen an der Front gedient hatte, schrieb mir in einem Brief: „Die Führung Ihres Bataillons am 9., 10. und am Morgen des 11. November 1918 (die zur Einnahme von Bois Frehaut führte) hätte meines Erachtens nicht besser durchgeführt werden können. Wie Sie wissen, ist die Einnahme dieser Stellung Ihnen und Ihrem Bataillon zu verdanken."

Auf Seite 154 desselben Buches heißt es im Brigadebericht über die Arbeit der Brigade als Ganzes: „Es besteht kein Zweifel, dass einige Details der Operation nicht so gut ausgeführt wurden, wie es erfahrenere Truppen hätten tun können. Dies war eher das Ergebnis einer Fehleinschätzung aufgrund mangelnder Erfahrung als eines Mangels an Angriffsgeist."

Dies gilt für die Brigade als Ganzes, und der Bericht, aus dem es stammt, ist eine sehr allgemeine Darstellung der Arbeit der *gesamten* Brigade in dieser Reihe von Operationen. Ich sage und habe gezeigt und bin bereit, bei Bedarf ausführlicher zu beweisen, dass sich die obige Aussage nicht auf *eines* der sechs Infanteriebataillone dieser Brigade bezieht, nämlich das Zweite Bataillon, Dreihundertfünfundsechzig.

Angenommen, ich würde zugeben oder sagen, dass das Bataillon, das diese scheinbar uneinnehmbare Stellung einnahm und sie unter der Verteidigung von Metz ununterbrochen hielt, nur ein sehr mittelmäßiges Bataillon war, oder angenommen, ich würde zugeben oder sagen: „Oh ja, die Männer waren ziemlich aufgeregt und kämpften, nachdem sie losgelegt hatten, erbittert mit Rasiermessern, Messern oder Bajonetten, aber die farbigen Offiziere hatten kein Urteilsvermögen und konnten mit ihren Männern nicht umgehen, und es war ein ziemlich schwaches Bataillon." Was könnte man dann sagen, was müsste *über* die *anderen* Einheiten der 92. Division und die eingesetzten Einheiten der 7. Division gesagt werden, die bei demselben Angriff ihre Missionen überhaupt *nicht erfüllten?*

Die Wahrheit ist, dass jene anderen Bataillone und Einheiten, die nicht vorrücken und sich gegen die stärkste Stellung der Welt – Metz – behaupten konnten, hervorragende Truppen waren und in vielen Fällen äußerst heldenhafte Arbeit leisteten. Sie waren im Durchschnitt den Bataillonen und Einheiten der vordersten amerikanischen Divisionen völlig ebenbürtig. Die Wahrheit ist jedem, der es weiß oder wissen *will*, *ebenso klar*, dass das Zweite Bataillon des Dreihundertfünfundsechzigsten Infanterieregiments ein ganz *außergewöhnliches* , ein ganz *wunderbares Bataillon war, das in jeder Hinsicht den allerbesten Bataillonen der amerikanischen Armee oder jeder anderen Armee, die im Ersten Weltkrieg kämpfte* , völlig ebenbürtig war . Ich fordere jeden heraus, diese Aussage zu widerlegen.

Sie *waren* wunderbare Kämpfer mit Grabenmesser und Bajonett, aber sie waren ebenso effizient und tatkräftig mit allen anderen Infanteriewaffen. Nehmen wir das andere Extrem des Kämpfens – Papierkram. Der Papierkram, der in einer Kompanie unserer Armee erledigt werden musste, war atemberaubend. Er erforderte unaufhörliche Arbeit und absolute Genauigkeit. Die Kompanien dieses Bataillons waren unübertroffen. Die „H"-Kompanie zum Beispiel erledigte und lieferte, wie allgemein bekannt ist, Papierkram, der praktisch immer perfekt war. Dann gab es Marsch- oder

Straßendisziplin. Einige der Märsche waren sehr anstrengend. So marschierte beispielsweise das Zweite Bataillon des Dreihundertfünfundsechzigsten Infanterieregiments während der Nacht von Camp d'Italien im Argonnerwald nach Camp Cabaud nordöstlich von Les Isilett , durch Schlamm und durch das Durcheinander und die Verkehrsblockaden, von denen Sie alle gehört haben, kurz vor der Argonnenoffensive, und *kam* mit jedem Mann an, der losmarschierte. *Nicht ein einziger Nachzügler.* Ich lieferte unterschriebene Zertifikate, bevor meine Vorgesetzten es glauben konnten. Ich habe bereits auf die sehr bedeutsame Tatsache hingewiesen, dass kein einziger Beamter jemals verhaftet oder vor Leistungsausschüsse gestellt wurde. Jede meiner Aussagen und Schlussfolgerungen basieren auf meiner persönlichen Kenntnis der *Fakten* .

Meine Bemühungen, dieses Bataillon zu einem echten Erfolg zu machen, waren einzig und allein der Tatsache zu verdanken, dass es ein amerikanisches Bataillon war, das im Kampf gegen die Feinde unserer Nation eingesetzt war. Meine Mannschaften waren farbig und trugen die amerikanische Uniform. Meine Offiziere waren farbig und wurden *nicht von mir, sondern von der US-Regierung beauftragt* . Wenn Sie farbig oder vielleicht weiß sind und über mich und mein Bataillon und über viele Dinge im Allgemeinen nachdenken möchten, lesen Sie die Seiten 433 und 438 des Buches , auf das ich mich bezogen habe. Übrigens enthob mich der dort erwähnte Bataillonskommandeur (er war damals Oberstleutnant) am zweiten Tag nach Inkrafttreten des Waffenstillstands vom Kommando über das Regiment (365. Infanterie).

Für mich ist es Gerechtigkeit, dass die Rasse – nämlich die amerikanischen Neger –, die Männer hervorgebracht hat, die ihrem Land so loyal, so tapfer und so fähig sowohl als Offiziere als auch als Mannschaften unter meinem Kommando gedient haben, *die Wahrheit* über mein Bataillon erfahren sollte. Dabei wäre es unerheblich, ob es sich bei der Einheit um eine Division, eine Brigade oder ein Bataillon handelte. Es war eben ein Bataillon. Und es ist unerheblich, *welches* farbige Bataillon es war, aber es ist sehr wichtig und bedeutet den farbigen Amerikanern sehr viel, dass eines der allerbesten und größten Bataillone der amerikanischen Armee und der Welt ein amerikanisches *farbiges* Bataillon war.

erhöht '', inspiriert und anspornt, dann wäre ich erfreut.

Nachfolgend finden Sie die *Aussage* , auf die ich mich bezog. Sie untermauert einige der in der Vorlesung angesprochenen Punkte.

HAUPTQUARTIER DES 365. INFANTERIEREGIMENTS.

Major Warner A. Ross, 365. Infanterie, Kommandeur des 2. Bataillons, führte sein Bataillon und einen Teil des 1. Bataillons am Morgen des 10. November 1918 im „Bois Frehaut " am Ostufer der Mosel nördlich von Pont-à-Musson und unter den Kanonen von Metz ins Gefecht. Er hatte den Brigadebefehl, diese starke deutsche Stellung einzunehmen und zu halten. Dabei zeigte er unter schwerem Beschuss außerordentliche Tapferkeit, Gelassenheit und Effizienz. Er führte seine Truppen persönlich an und brachte seine ersten Wellen in ihre Schussposition im Niemandsland, unmittelbar vor den Augen der Beobachter, Maschinengewehrschützen und Scharfschützen des Feindes. Nachdem er seine Männer durch den feindlichen Stacheldraht gedrängt hatte, errichtete er unter schwerem Beschuss seinen Kommandoposten am Rand des „Bois Frehaut ", in dem gerade zuvor feindliches Gebiet gewesen war. Dieser Kommandoposten war ein Granattrichter ohne Schutz vor Artilleriefeuer und wurde an diesem Ort errichtet, damit Läufer, die von Zügen und Kompanien zurückkamen, dem Waldrand folgen und ihn leicht finden konnten. Dies war sein PC bis zum 11. um 10:30 Uhr morgens, als ihn die Nachricht vom Waffenstillstand erreichte.

Major Ross weigerte sich, sein Hauptquartier zu verlegen, obwohl es von einem feindlichen Flugzeug entdeckt und von anderen verlassen worden war. Granatsplitter explodierten und Sprenggranaten rissen ringsum große Löcher. Die Seitenwände waren eingestürzt und er selbst war fast vollständig verschüttet. Während der Nacht füllte sich das Hauptquartier mit Senfgas. Er ließ Kalk hineinstreuen und ein Feuer entzünden, das brannte. Durch den Umzug in eine weniger exponierte Position oder in einen Unterstand wäre seine Verbindung beeinträchtigt worden. Seine ausgezeichnete Verbindung ermöglichte es ihm, Verstärkungen zu schicken, um Gegenangriffen und Flankenbewegungen des Feindes entgegenzutreten.

Die Tapferkeit von Major Ross und seine Gleichgültigkeit gegenüber seiner persönlichen Sicherheit in seiner Entschlossenheit, diese Schlacht zu gewinnen, verdienen besondere Anerkennung. Ein solches Verhalten geht weit über die normale Pflicht eines Bataillonskommandeurs hinaus. Der „Bois Frehaut ", „Belle Aire Ferme", „Ferme de Pence" und „Bois de la tete d'Or" wurden dem Feind abgenommen und die Schlachtlinie durch diesen Sieg verändert.

Zeugen (unterschrieben):

EDWARD B. SIMMONS ,
Major, Sanitätskorps, Regimentsarzt .

FE SWEITZER ,
Hauptmann, 365. Inf., Regiment . Adjutant .

TC HOPKINS ,
Hauptmann, 365. Inf., Regiment . Nachrichtenoffizier .

WALTER R. SANDERS ,
Hauptmann, 365. Inf., damaliger Stellvertreter .

WM. W. GREEN ,
Hauptmann, 365. Inf., Comdg. Kompanie H, 365. Inf.

JOHN F. PRITCHARD ,
1. Leutnant, 365. Inf., Adjutant, 2. Bataillon.

GARRETT M. LEWIS ,
1. Leutnant, 365. Inf., damaliger Comdg. Reserve-Kompanie .

UJ ROBINSON ,
1. Leutnant, 365. Inf., Kaplan .

DAS ENDE